레일라와 조이를 위해.

너희들이 사는 세상도 다르지 않다면

너희들이 세상을 바꾸기를 바란다.

부담 갖지 말고.

성적 대상

여성은 세상을
어떻게 경험하는가

성적 대상
여성은 세상을 어떻게 경험하는가

제시카 발렌티 지음
강경미 옮김

초판 1쇄 발행 2017년 1월 20일
펴낸곳 꾸리에북스 **|** **디자인** 앨리스
출판등록 2008년 8월 1일 제313-2008-000125호
주소 121-840 서울 마포구 합정동 성지길 36, 3층
전화 02-336-5032 **|** **팩스** 02-336-5034
전자우편 courrierbook@naver.com

ISBN 9788994682259

파본이나 잘못 만들어진 책은 바꾸어 드립니다. 책값은 뒤표지에 있습니다.

나는 나인 것이다. 이유를 찾으려는 것은 핵심에서 벗어난 것이다.

—존 디디온, 『있는 그대로 연주해라』 중에서

성적 대상

제시카 발렌티 지음
강경미 옮김

여성은 세상을
어떻게 경험하는가

꾸리에

일러두기

원서의 강조 부분은 **고딕체**로 표시했다. 원주는 본문 하단에 *로 표기했으며, 본문에 나오는 회색의 [ ]는 역자 첨언 또는 부연 설명이다.

차례

"모든 여성들은 물고기가 물에서 사는 식으로 대상화objectification 속에서 살고 있다."

—캐서린 맥키넌

어렸을 때 나는 늑대가 나오는 악몽을 되풀이해서 꾸곤 했다. 고층 빌딩 크기만한 커다란 짐승이 뉴욕 시 주위를 뒷다리로 걸으며 쫓아와 결국 나를 집어삼키는 꿈이었다. 어머니는 내가 걸음마를 배울 때 「빨간 모자」 공연을 보러 데리고 간 것이 실수였다고 말한다. 거기서 늑대로 분장한 남자가 나를 겁에 질리게 했다는 것이다. 나는 그 연극을 본 바로 그 직후부터 꿈을 꾸기 시작했는데 그것은 고등학교까지 지속되었다. 그 꿈이 언제 멈췄는지는 기억이 나지 않는다.

　지난 몇 년 동안, 페미니즘을 더 깊이 파고들고, 저자가 되고 어머니가 되면서, 나는 내가 그 꿈에 대해 오래도록 생각하고 있다는 것을 알았다. 그것은 단지 연극, 무서운 의상을 입은 한 남자

의 연극에 불과했는데도 나의 어린 뇌는 지워지지 않는 충격을 받은 것이었다.

우리가 겨우 사춘기에 접어들기 시작할 때부터의 음흉한 시선, 성희롱, 견뎌내야 하거나 혹은 끊임없이 경계해야 하는 폭력과 더불어 살아야 하는 삶이 모든 여성들에게 주어졌다는 것을 고려해볼 때, 그 모든 것이 우리에게 해왔던 것이 궁금하지 않을 수 없다. 여성이 세상을 어떻게 경험하는가뿐만이 아니라 우리 자신의 경험은 어떤지에 대해서.

나는 나 자신에게 묻기 시작했다. **여성을 혐오하는 세상에서 살지 않았다면 나는 어떤 사람이 되었을까?** 여태껏 만족스러운 답변을 마련할 수는 없었지만, 전에는 전혀 존재하지 않았던, 현재의 나 자신에 대한 모습을 오랫동안 애도해왔다는 것을 깨달았다.

책의 제목을 『성적 대상』이라고 붙인 것은 그러한 실체를 확인한다는 생각을 좋아해서가 아니다. 나는 그런 일을 수줍어 하지도 않지만 잘난 체하지도 않는다. 나는 내가 특별히 관능적이거나 성적 매력이 있다고 생각하기 때문에 그 용어를 사용하는 것이 아니다. 비록 전에는 시의적절한 순간에 그러한 것들로 불려왔지만.

오랜 시간 동안 나는 저자로 불리는 것을 견딜 수 없었다. 여러 책을 써왔지만 아직도 여전히 말이 혀에서 잘못 굴러가는 느낌이다. 똑같은 일이 결혼했을 때 일어났다. "아내"는 생경해 보였지만 그게 바로 누군가의 아내인 나였던 것이다. "저자"나 "아내"와 달리 열두 살 이래 계속되었던 "성적 대상"이라는 말은 나 스스로

선택한 정체성이 아니었다. 나는 그 용어를 교화가 아니라 포기에 더 가깝게 사용한다는 것을 인정한다. 그럼에도, 우리는 곧 우리다.

내게 이런 꼬리표가 붙기에는 내가 너무도 매력이 없는 존재라는 불가피한 반응에 단단히 대비해왔지만, 그렇게 말하는 사람은 존재를 하나의 사람이 아니라 사물로 불리는 것이 칭찬이 아니라는 것을 깨닫지 못한다. 우리가 그런 식으로 생각할 수도 있다는 것이 문제의 일환이다.

성적 대상이 되는 것은 특별한 것이 아니다. 이런 특정한 종류의—여성이 대상처럼 다뤄지는 방식, 우리가 때때로 스스로를 대상화하는 방식, 그리고 우리의 삶과 경험뿐 아니라 바로 우리의 자의식에도 영향을 미치는 우리의 인간성을 일상적으로 제거해버리는 방식으로서의—성차별주의는 드문 것이 아니다. 이런 대상이라는 상태는 나를 다른 많은 사람들과 연결 짓는다. 여성들은 모두 같은 방식으로 대상화를 경험한다는 것을 말하려는 것이 아니다. 어떤 사람들, 특히 주변부의 사람들은 내가 상상하거나 설명할 수 있는 것보다 더욱 폭력적이고 직접적인 경험을 한다.

페미니즘에 관해 몇 년을 쓰고 있음에도 불구하고 내가 아는 것은, 이러한 것들과 살아가는 것이 무엇인지를 설명하는 적당한 언어를 가진 적이 없었다는 사실이다. 선생님은 내가 고등학교를 졸업한 지 며칠 지나지 않아 데이트를 신청했다. 대학 다닐 때 전 남자친구는 내 기숙사 방의 문에 사용한 콘돔을 붙이고는 화이트보드에 "창녀"라고 커다랗게 휘갈겨 놓았다. 「폴리티코Politico」

의 기자는 내 젖가슴에 관한 기사를 썼다.

각각의 경험들은 이름을 말할 정도로 쉽지만 그것들이 누적되어 끼치는 영향은 파악하기 힘들다.

고등학교 때 한 선생님은 정체성이라는 것은 반은 우리가 우리 자신에게 말하는 것이고 반은 다른 사람들에게 우리 자신에 대해 말하는 것이라는 이야기를 한 적이 있다. 그러나 그가 언급하지 않고 놓친 부분이 있다. 그것은 크나큰 무게를 지닌 것으로, 특히 젊은 여성들과 소녀들의 마음속에 자리 잡고 있는데, 다른 사람들이 우리 자신에 관하여 우리에게 말을 한다는 것이다. 그러한 서사는 우리 자신을 형성하는 것 중의 하나가 된다. 그들이 우리가 누구인지 말하는 것이다. 비록 그중 많은 부분이 연기에 불과할지라도 말이다.

이 책은 내가 자라면서 성적으로 대상화된 느낌을 받은 방식 이상의 것, 너무도 현실적이지 못한 것을 답사한 것에 관한 이야기다. 최근 유행하고 있는 페미니즘은 성차별주의가 초래한 손상을 바로잡기 위하여 대체로 낙관주의와 유머의 사용을 기반으로 하고 있다. 우리는 에이미 슈머[Amy Schumer, 미국의 코미디언이자 작가, 배우, 프로듀서]와 함께 웃고, 여자가 세상을 이끈다고 말하는 비욘세Beyoncé를 듣거나, 사회생활에 적극적으로 참여하라는 셰릴 샌드버그[Sheryl Sandberg, 미국의 기업인이자 페이스북의 최고운영책임자. 그녀가 쓴『린인』은 세계적인 베스트셀러에 올랐다]의 말을 듣는다.

페미니스트들이 피해자 의식에 사로잡혀 있다는 진부한 신화

에도 불구하고 오늘날 페미니즘은 여성을 대리하고 독립시키는 멈출 수 없는 힘처럼 느껴진다. 긍정성과 가능성의 측면에서.

우리의 슬픈 이야기조차, 그중에서 많은 것들이, 도덕적 교훈을 가지고 있어 우리로 하여금 기운을 내게 하고, 앞으로 나아가게 하며 계속 정진하도록 밝은 희망을 준다.

이것은 단지 생존 기술만이 아니라 전도 전략이기도 하다, 그것도 아주 좋은. 그러나 우리는 어쩌면 얼마 동안 성차별주의를 관찰하기보다는 성차별주의가 우리에게 한 것을 간과하는 데 열중함으로써 우리 자신에게 몹쓸 짓을 하고 있는지도 모른다.

딱 이번 한 번만 영감을 주고 싶은 게 아니라면 괜찮을지도 모른다.

내 딸 레일라는 수줍음을 많이 타지만 강인하다. 조산에다 너무 작게 태어났고 오랫동안 아팠다는 출생 환경 때문인지 모르겠지만 그녀는 생존 예술의 달인으로 유명하다.

올해 유치원에서 그녀의 반이 「아기 돼지 삼형제」 연극을 공연할 거라고 들었다. 배역은 교사가 지정하는데, 교사는 아이들에게 **주는 대로 받아들이고 화내지 말라고** 했다고 한다. 레일라가 받은 배역은 초가집을 가진 첫째 돼지다. 그녀는 좋아하지 않았다. 내가 공정성에 대한 교사의 규칙을 반복하며 그 역할을 받아들이라고 했을 때 그녀는 내게 분명하게 말했다. **내가 맡고 싶은 유일한 배역은 벽돌집을 가진 돼지 아니면 늑대예요.** 왜 그렇게 대답이 간단한지 이유를 물었다.

먹히지 않는 배역들 중 하나가 되고 싶기 때문이에요.

그 나이 때에는 동화도 진짜로 느끼기 때문에 그녀의 대답은 공간에 대한 두려움에서 나왔을지 모르지만 그럼에도 나는 자랑스러웠다. 내 소심한 소녀는 잡아먹히는 역할을 수락하지 않을 것이다. 그녀는 살고 싶어 하고, 먹는 역할을 하는 배역 중 하나가 되고 싶어 한다. 더 이상 무엇을 바랄 수 있을까.

그녀가 늘 그런 식으로 느끼기 바라며 이 책을 썼다.

제1부

그녀는 이제 내면과 외관을 가졌고 불현듯 그것들을 뒤섞지
않는 법을 알게 되었다.

_조라 닐 허스턴, 『그들의 눈은 신을 보고 있었다』 중에서

폭력의 대물림

고등학교 선생님이 데이트하자고 요구했던 소녀가 나 혼자만이 아니란 것을 깨닫는 데는 오랜 시간이 걸렸다. 열차에서 맞은편에 앉아있는 남자가 속옷 입는 것을 "잊은" 바로 그날, 하필 지퍼 올리는 것을 "깜빡 잊어버려서" 여전히 청바지에 구겨 넣어진 그의 성기를 완전히 다 볼 수 있는 소녀도 나 혼자만은 아니었다. 나는 아버지와 그것에 대해 농담했던 것을 기억한다—자기 거시기를 드러내는 또라이 같으니! 그는 내게 그것은 사고가 아니었다고 설명해야만 했다.

나를 멍청이라고 부르는 남자친구를 가진 소녀도 나 혼자만이 아니었다. 자라면서, 비록 친구라 할지라도 주변의 소년들을 조심하라는 소리를 듣는 것도 나 혼자만은 아니었다. 열두 살이었던 그해에 나는 뉴욕시 지하철 승강장에서 처음으로 남자의 성기를 보았다. 듬성듬성한 구레나룻 사이를 엄마의 아이라이너로 가득 메운 파크슬로프Park Slope 출신의 남자애에게 처녀성을 잃기 2년 앞서였다. 그리고 사용한 콘돔을 내 기숙사 방의 문에 붙여놓은 사고

클럽 남학생들에게 진절머리가 나면서 대학을 중퇴하기 6년 앞서
였다. 나는 불면증을 앓기 시작했다. 나는 줄곧 속이 메스꺼웠다.

*****

나는 그것이 폭력의 순환이라 불리는 것을 알고 있지만, 내
가족 안에서 여성이 고통을 겪는 것은 선형적이다. 강간과 학대는
대체로 남자들은 건너뛴 채 여자들에게 마음의 상처와 야간 공포
증, 기이한 유머 감각을 남기면서 세상에서 최악의 생득권인 것처
럼 전수된다.

어머니는 "몹쓸 손버릇"에 대한 이야기의 일환으로 온 가족
의 친구에 의해 자행된 성추행에 관해 이야기해줬다. 그녀는 그를
아저씨라 불렀다. 우리는 야광 별 스티커로 덮여진 내 방의 침대에
앉아 있었다. 그가 아이스크림을 가지고 집에 왔을 때 그녀는 여덟
살이었다. 그녀의 어머니가 부엌에서 저녁을 짓는 동안 그는 그녀
에게 원한다면 무릎에 와서 앉으라고 했다. 그녀는 그가 무엇을 어
떻게 만졌는지 기억하지 못한다. 다만 그런 일이 일어났었고 그 이
후에 대해서는 아무 말도 하지 않았다. 얼마간 시간이 흐른 뒤, 동
네 이발사는 할머니에게 우리 엄마가 그를 위해서 수건을 좀 접어
주면 머리를 공짜로 잘라주겠다고 말했다. 할머니는 그녀가 일하
는 동안 나갔고, 그는 어머니를 뒷방으로 데리고 가서 여덟 살난 그
녀의 몸에 성기를 문질렀다.

할머니가 열 살이었을 때 그녀의 아버지는 알코올 중독으로 죽었다. 그녀는 이모와 이모부와 함께 살러 갔다. 열한 살 때, 이모부는 그녀를 강간했다. 그녀는 이모에게 이야기했고 다음 날 브루클린에 있는 성 요셉 고아원에 보내졌다.

각 세대가 경과하면서 강도가 약해지고 있으나 거기에는 중요한 점이 있다. 내 할머니의 강간에서 내 어머니의 성추행, 내 어머니의 성추행에서 나로 이어지면서, 나를 학대하는 남자친구들과—내가 청바지 뒷주머니에 손을 넣기 전까지는 그곳이 정액으로 뒤범벅되어 있다는 것을 인식하지 못하는 어떤 때에—지하철에서 비비적거리는 낯선 남자들이 상대적으로 가벼운 처벌을 받는 것으로 끝낸다는 것이다.

이모와 엄마는 그들이 어렸을 때 그런 일이 얼마나 많이 벌어졌는지에 대해 농담을 했다. 재킷을 휙 열어젖혀서 커다랗고 붉은 음경을 보여주는 남자, 여학생들이 학교에 갈 때 일부러 창문에서 보이라고 자위를 하는 동네 변태.(경찰은 학생들에게 그 남자가 자기 집 안에서는 원하는 것은 무엇이든 할 수 있다고 말했다.) "그냥 손가락질하며 웃어댔어"라고 이모는 말했다. "그러면 보통 달아났거든."

보통.

그러나 침해 그 자체보다 더 나쁜 것은 그것이 여성에게 무엇을 의미하는지에 대한 어정쩡한 이해였다. 그것은 나쁜 일이 발생 **하느냐**의 문제가 아니라 **언제, 어떻게 나쁘냐**인 것이다.

물론 모계의 폐해처럼 느끼는 것은 진정 우리의 것이 아니다. 우리는 그런 느낌을 가져선 안 된다. 수치심과 혐오감은 가해자에게 속하는 것이다. 적어도 그게 책들이 말하는 바이다. 그러나 우리 가족의 여성들에게 상처를 주었거나 성적 모욕이 빈번한 것은 우리의 DNA 속에 **상처, 나**라고 깜빡거리는 메시지가 입력된 것은 아닐까라고 느끼게 만든다.

내 딸은 다섯 살이고 나는 내 딸이 우리 가족 내 여성들에게 지속적으로 발생했던 것은 무엇이든 예방접종을 해주고 싶다. 나는 레일라가 그녀의 아버지의 행운의 유전자를 갖기를 바란다. 방으로 걸어 들어와 거기에 있을 권한이 있다고 느끼는 유전자. 안전하다고 느끼는 유전자. 싸울 것인지 도망갈 것인지가 준비된 내 부적절한 염색체가 아니라.

이것이 그녀가 내게서 태어나지 않았으면 하고 바란 한 가지다.

임신했을 때 나는 종종 아들을 바란다고 농담하곤 했다. 여아는 십 대 소녀가 될 것이고, 나는 어머니에게 못된 어린 계집애였던 것을 기억한다. 그러나 다음이 진실에 더 가깝다. 즉, 딸을 갖는다는 것은 이러한 것들을 그녀에게 물려준다는 것, 이러한 폭력과 침해를 언제까지고 물려준다는 것을 의미한다.

내 딸이 여성들에게 벌어지는 일이 잘못된 것이라는 것을 아는 세상에서 사는 동안이기 때문에 이러한 부당함 또한 불가피하게 받아들여진다. 델라웨어에 사는 한 부유한 남자가 자신의 세 살된 딸을 강간한 데 대해 집행유예를 선고하자 분노가 일었다. 그러

나 그것은 **어떤 남자가 세 살짜리를 강간했다**는 외견상의 확고한 사실이 아니라 저지른 범죄에 대한 처벌이 부족해서였다. 우리가 측정하고 통제할 수 있는 수감 기간은, 어떤 남자들이 어린 소녀들에게 끔찍한 짓을 했다는 것을 기정사실로 표현한 것이다.

안전할 것이란 기대를 포기한 곳에서 산다는 것은 영구적으로 해리 상태dissociative state에서 걸어 다닌다는 것을 뜻한다. 우리는 이러한 것들이 우리에게 일어나는 것을 목격하고, 지하철과 거리에서 그것들 사이로 걸어가고, 텔레비전에서 그것들을 보고, 음악 속에서 그것들을 듣고, 우리가 숨 쉬는 공기 속에도 있어서 우리 자신에게 공포를 이야기할 것이다. 그러한 것들과 관계를 맺는 것은 자기파괴적이 되기 때문이다.

나는 가죽 바지를 입은 유명한 뉴에이지 작가이자 구루와 토론을 한 적이 있었는데 그녀는 여성들이 가진 문제는 우리가 "우리의 힘으로 말하"지 않고 희생의 장소에서 말하는 것이라고 했다. 마치 우리에게 강제된 트라우마가 떨쳐질 수 있다는 듯 단호한 목소리로. **마치 우리가 발언할 수 있는 실제적인 힘을 가졌다는 듯.**

피해의식은 정체성이 될 필요는 없지만 사실성의 산물이다. 일부 여성들은 피해의식을 거부함으로써 치유하지만, 세상은 어김없이 여성들에게 자신들이 그것을 요구하고 있다고 말한다. 나는 "희생"에 대한 권리를 주장하는 것이 그렇게 끔찍한 생각인지 잘 모르겠다. 고통을 인식한다는 것은 포기하지 않고 약해지지 않는다는 것이다.

"나쁜 일이 나에게 일어났다." 더 정확하게는, "누군가가 나에게 나쁜 짓을 했다." 이런 일이 실제로 일어났었다. 이런 일은 실제로 일어난다.

이러한 현실이 한층 명확해지기 시작한 것은 가슴이 커지고, 지하철을 타며, 영화를 보고, 남자애들과 섹스를 하면서였다. 그냥 앉아서 당하지는 않겠다는 의도적인 결정을 내린 것은 아니었다. 나는 생존 본능이 우세해서 제일 시끄러운 소녀가 되었으며, 음담패설을 가장 빨리했고, 추파를 던지는 나이든 남자에게 웃는 소녀였다.

만약 내가 성적 대상이 되려고만 했다면 나는 할 수 있는 한 최고의 성적 대상이 되었을 것이다. 20년 이상이 흘렀지만 나는 여전히 속이 메스껍다. 나는 여전히 잠을 잘 수 없다. 하지만 적어도 지금은 그 이유를 알고 있다.

*****

우리는 직접적인 폭력이 트라우마를 유발한다는 것을 알고 있다. 그 때문에 우리에겐 쉼터와 상담사, 서비스가 있다. 우리는 폭력 지역에 살고 있는 아이들이 외상 후 스트레스 장애post traumatic stress disorder로 발전할 가능성이 더 높다는 것을 알고 있다. 일상적인 공포가 그들의 뇌를 변화시키고 심리적 기질이 너무도 급격해지게 되면서 환각과 분리 장애가 흔한 것이 되는 것이다. 우리는 괴롭힘을 당하는 사람들이 우울증을 겪고 있으며 때로는 자살한

다는 것을 알고 있다.

　그러나 우리가 사실로 알고 있는 이 모든 것에도 불구하고—폭력과 괴롭힘 환경에 사는 사람들이 정신적 · 정서적으로 고통받고 있다는 것을 보여주는 증거가 우세함에도 불구하고—우리는 여성들을 혐오하는 문화에서 살고 있는 여성들에게 벌어지는 것에 대한 이름을 여전히 가지고 있지 않다.

　우리는 질병이 없는 아픈 사람들, 분리된 증상들의 이유에 관해 설명을 제공받지 못하는 사람들이다. 감기나 바이러스에 걸렸을 때 우리의 몸은 우리가 아프다는 것을 알려주는 방식을 가지고 있다. 기침을 하고, 열이 나고, 말 그대로 사지가 쑤신다.

　일하러 가는 도중 귓속에다 "보지야"라고 낯선 사람이 속삭인 뒤 흔들어대는 그 손에 당신은 어떤 진단을 내릴까? 택시 운전사가 실제로 당신을 집에 데려다주지 않을 거라는 두려움을 멈추기 위해서는 어떤 약을 복용해야 할까? 이 모든 것들에 대해 아무런 느낌 없이 걸어가야 하는 우리들은 어떠한가? 우리의 뇌가 양가적 감정에 도달하도록 시키는 대로 해야 한다는 것은 무엇을 말하는가? 나는 우리들 중 아무 탈 없이 지나칠 수 있는 사람은 없다고 생각한다.

　우리들 중 많은 사람이 손가락질하며 비웃는다는 것도 나는 알고 있다. 내 이모와 어머니의 전략은 열다섯 살짜리가 인스타그램에서 나를 "잡년"이라 부르거나 다 큰 기자가 나의 "젖통"에 대해 뭔가를 쓸 때 지금 내가 하는 것처럼 채무 불이행적인 반응이었다. 손가락질과 비웃음만을 계속한다는 것은, 누군가는 결국 이

것이 매우 즐거운 게 아니라는 것을 주목할 거라는 희망에 눈을 감아버리는 것이다.

이러한 범죄들에 대해—그들에게 절대로 만족감을 줘서는 안 돼라며—못 본 척 무시하는 것이 전략이라는 것은 진실이 아니다. 그렇게 하는 도중 우리는 무언가를 잃는다. 우리에게 상처를 준 남자들을 할 수 있는 만큼 조롱하는 것은, **당신은 미소 지을 때가 더 예뻐요**라고 야유하는 소리를 가장 건방진 태도로 묵인하는 것처럼 느껴지게 한다. 그런 식으로 전복된 비꼼조차도, 우리가 굴욕을 참는 바로 그 순간에도, 여성들은 영원히 즐거운 존재여야 한다는, 여자들에게 냉담함이 추가된, 최신의, 보다 선명한 버전일 뿐이기 때문이다.

이러한 식의 자세는 내가 가지지 않는 힘을 필요로 하는 행위이다. 상대의 공격을 피하고 그들이 우리에게 하는 것과 똑같은 방식으로 그들을 대한다는 것은 우리의 고통을 **관심 없거든!**이라는 허울 속에 포함시키도록 요구한다. 이러한 상처받기 쉬운 무능력은—설령 희생자가 되고 싶지 않더라도—우리를 보호하지 않는다. 잔해만 감출 뿐이다.

그러나 농담이나 아름다운 선율을 통해 완화하지 않는 한 아무도 우리의 슬픈 이야기를 듣고 싶어 하지 않는다. 그리고 그때조차도 항상 그런 것은 아니다. 여성이 끝없이 주장하는 방식으로 자기의 고통을 이야기하거나 쓰는 것을 듣고 싶어 하는 사람은 아무도 없다. 그들에게 우리는 정확한 해결책, 밝은 희망 혹은 해피엔딩이 없는, 우리가 실제로 가지고 있는 것이 얼마나 좋은지 깨닫지

못하는 우울증 환자들, 그저 불평분자들일 뿐이다.

남성의 고통과 실존적 불안은 우리가 하는 모든 것을 형성하는 신화와 전설, 서사의 재료이다. 그러나 여성의 고통은 배경이다. 진정한 주인공을 위해 이야기를 따라 진행시켜야 하는 구성의 한 요소인 것이다. 그 이야기를 훼방 놓는다는 것은 우리가 궁하거나 이기적이거나, 혹은 최악으로는 남성혐오자들이어야 한다는 것을 의미한다. 마치 모든 남성들이 시대를 거쳐 여성들에게 해온 것이 **단지 그들을 좋아하지 않아서**라는 것이 가장 모욕적이라는 식으로.

물론 우리는 살면서 좋은 남자들을 사랑하고 때로는, 자주, 나쁜 남자 역시 사랑한다. 하지만 우리가 그들 중 많은 사람들에게 맞서는 완전한 혁명을 하지 않는다는 것은 다음과 같은 사실을 고려할 때 매우 놀라운 것이다. 즉, 남성은 여성을 강간하고 죽이면서도 여전히 여성이 요리한 저녁을 먹으러 집에 온다.

언제부턴가 나는 나 자신의 건강과 행복보다 남자가 나를 어떻게 생각하는지에 더 관심을 가지기 시작했다. 그렇게 하는 게 단지 더 쉬웠기 때문이었다. 나는 "희생"의 반대가 "강함"이라는 거짓과 타협했었다. 손가락질하고 비웃는 것이 모두에게 우리의 이야기를 전하는 가장 좋은 방법이었다.

그러나 만약 당신이 아픈데 건강해지고 싶다면, 앓고 있는 증상들의 세부사항을 전할 필요가 있다. 그것들을 얼버무리고 넘어가는 것은 질병의 수명을 보장하는 것이다.

나의 딸은 행복하고 용감하다. 넘어지거나 다치면 입에서 나

오는 첫 마디가 항상 **괜찮아요, 엄마. 아무 문제 없어요**이다. 그리고 실제로 괜찮다. 나는 그녀가 항상 괜찮기를 바란다. 그래서 내가 비웃어대거나 사람들을 편하게 해주는 것을 거부하는 것이 진짜로 우울에 빠진 사람처럼 보일지라도, 낙관주의는 이래야 한다는 것이 진실이다. 우리에게 일어나는 일을 무엇이라 이름붙이든 그것에 대한 진실을 말한다는 것은—굉장히 추하고 불편할 수 있지만—우리가 그것을 바꾸고 싶어 한다는 뜻이다. 우리가 아는 것은 불가피한 것이 아니라는 것이다.

할머니와 어머니에게 이어 내려온 대물림을 나는 여기서 멈추고 싶다.

사탕그릇

"얼른 서둘러야 해."

처음 낙태했을 때 나는 이것과 똑같은 방, 똑같은 의자에 있었다. 대기실에 들어가자 접수 담당자는 7년 전과 똑같은 식으로 차를 내왔다. 나는 거기에 있는 유일한 환자였고, 보험이 적용되지 않는 개인 병원에서 초기 낙태에 대한 비용으로 천 달러 이상을 지불했다. 병원에 혼자 있게 된다는 것은 나중에 낙태하러 오는 다른 여성들과는 다르다는 부끄러운 우월감에 매달리게 한다.

갈색 쿠션으로 된 의자에 눕자 내 아래에 펼쳐진 종이가 바스락거렸다. 나는 수납창구 근처에 있는 졸리 랜처[Jolly Rancher, 과일 맛 사탕의 상표명]를 주목했는데 그것은 내가 여기에 처음 왔을 때 있었던 것과 똑같이 유리로 된 사탕그릇 안에 있었다. 그때 그 사탕은 스타버스트Starbursts였다.

당시 나는 20대 후반이었다. 나는 직업과 돈, 아기를 낳아도 충분히 지원해줄 가족이 있었다. 그러나 나는 또한 형편없는 남자친구도 있었다. 정말이지 형편없는 전 남자친구에게 미련이 남아

있었던 것이다. 그리고 첫 번째 책을 마무리하는 중이었다. 나는 항상 이 나이 때인 스물일곱에는 임신해 있을 것이며 당연히 잘해 낼 거라고 생각했었다. 하지만 "임신"이라는 단어를 테스트기에서 본 순간 나는 내가 할 수 없다는 것을 알았다.

대부분의 낙태는 8주 내지 10주까지는 이루어질 수 없지만 나는 불과 몇 주밖에 안 되었어도 그렇게 오래 기다릴 수 없었다. "초기 낙태"에 대한 그 날의 구글 검색은 나를 병원으로 이끌었고, 나는 기계나 마취 또는 공포스럽게 빨아들이는 소리 없이도 임신을 끝내는 방법을 사용할 수 있냐고 조산사에게 물었다. 내 손을 붙잡을 간호사 한 명과 주사 한 대면 된다고 했다. 다음 주로 예약을 잡았다. 비록 그 여자가 전화로 너무 일찍 오지 말라고 주의를 줬으나 몸 안의 것을 꺼내는 것 외에는 아무것도 할 게 없었다.

나의 어머니는 내가 아홉 살, 여동생이 일곱 살이었을 때 낙태했지만 내가 낙태하기 전까지는 그것에 대해 말하지 않았었다. 내 생각에 그녀는 그것이 우리들 사이에 유대감이 생기는 계기가 되기를 바랐던 것 같다. 그러나 그녀가 임신을 끝내면서 가졌던—**너희 아빠는 음악 하느라 너무 바빴고 나는 해야만 한다고 느꼈어. 수술 후 우울하다고 느끼는 건 정상적인 일이야**—명백한 회한은 내가 가진 양가적 감정을 다소 죄스럽게 만들었다.

그녀가 나에게 이야기할 때 우리는 아스토리아 호텔의 레스토랑에 앉아 있었다. 미국영상박물관 근처에 문을 연 34번가의 새로운 장소였다. 울퉁불퉁한 돌처럼 보이도록 만든 높은 천장과 벽

으로 이루어진 카페 내부는 말 그대로 동굴처럼 휑뎅그렁했다. 이 게 가장 힘든 일이라는 이야기를 그녀에게 해주길 원한다는 것을 나는 알고 있었다. 그래서 우리 고통에서 몇 가지 공통점을 찾기를 바랐겠지만, 나는 힘들지도 않았고 아프지도 않았다.

부모님은 어머니가 겨우 열일곱 살이었을 때 결혼했다. 결혼 식을 올린 그날 밤, 그녀는 나중에 어머니를 부르며 울부짖었다고 말한다. 그녀는 처녀였고 가톨릭 학교에서 성장했으며 남자를 무 서워했다. 심지어 열두 살 때부터 데이트해온 내 아버지조차도. 그 날 밤 그녀의 눈물은 그들 사이의 관계를 길게 이야기하기 위한 장 을 마련했다. 아버지는 그녀의 사랑을 간절히 원했으며 그녀는 그 것이 너무 두려웠다.

그들은 13년 동안 아이가 없었다. 어머니는 유산에 유산을 거 듭하며 견디었고 마침내 나를 임신했다. 그래서 내가 한 살을 조금 넘겼을 때 여동생을 임신한 것은 놀라운 일이었다고 한다. 몇 년 뒤 세 번째로 임신했을 무렵, 부모님은 쉬지 않고 일을 했고 아버 지는 블루스 밴드를 시작했는데 비교적 꽤 잘해냈다. 매니스카워 시Manny's Car Wash와 더비터엔드the Bitter End와 같은 시내에 있는 술 집과 클럽에서 일주일에 여러 번 공연을 가졌다.

열두 살인가 열세 살이 되었을 때 나는 그의 공연을 보러 가기 시작했다. 바텐더들에게 내 나이를 말했을 때 그들이 눈알을 굴리 며 위아래로 훑어보는 것을 무시하는 것이나 음료를 주문하도록 요청하는 것에 짜릿한 흥분을 느끼기도 했다. 그런데 어느 날 밤,

밴드가 대기하고 있는 뒷방으로 들어갔을 때 그중 한 명이, 내 생각에는 베이스 연주자인 것 같았는데, 허리에 낮게 걸쳐진 내 청바지를 가리키며 팬티를 볼 수 있는 방법에 대해 언급했다. 나는 퍼뜩 깨닫게 되었다. 나는 그 방에 있던 유일한 소녀였고 아버지가 거기에 없다는 것을.

그렇게 늦은 밤에 아버지가 음악을 연주하러 간다는 것은 어머니가 혼자서 우리들을 돌본다는 것을 의미한다는 생각을 전에는 결코 해본 적이 없었다. 일주일에 여러 밤을 예행 연습한다는 것도 같은 것을 의미했다. 어릴 때에는 부모가 우리와 시간을 보내는 것이 고된 노동이라는 것을 상상하기 어렵다.

나의 부모는 소매상이다. 내 대학 은사였던 한 분은 그 직업에 대해 수익을 위해 항목의 가격을 인상하기 때문에 **존재하는 가장 악한 직업**이라고 부른 적이 있었다. 그녀에겐 그렇게 말하는 것이 퍽 쉬운 일이라고 나는 생각했다. 내가 어렸을 때 그들은 나이든 고객들을 대상으로 여성복을 파는 가게를 두 곳 운영했다. 한 곳은 브롱크스에 한 곳은 퀸즈에. 멋진 점프슈트와 베티붑 만화가 그려진 잠옷용 셔츠, 흰색과 베이지색과 검은색으로만 된 팬티와 커다란 브라 등 모두가 계산대 뒤의 노란 상자에 쌓여 있었다. 손님들은 몇 년 동안 입은 옷을 반품하겠다며 그들에게 소리 질렀고, 때로는 탈의실에서 오줌을 누거나 똥을 싸기도 했다.

가게 이름은 어머니 이름을 따라 지었다. 벽은 최신형 셔츠와 허리가 탄력적인 바지를 걸 수 있도록 목재 조각들로 되어 있었는

데, 폴리에스터 소재의 "정장"에 맞춰 완성된 복장이라는 감각을 주기 위해 옷걸이에 보석을 매달아 늘어뜨려 놓았다. 나는 전면 창에 있던 마네킹들의 가발을 쓰는 것을 좋아했는데, 그들의 의상과 분위기는 한 남자가 매월 바꾸고 있었다. 그는 토마토처럼 생긴 쿠션에 핀을 꽂고 다녔는데 한번은—싸운 뒤에 어머니를 화나게 하려고—창문에 있는 란제리 마네킹 중 하나의 팬티에서 당시 유행하던 한 다발의 가짜 음모를 나오게 했다.

나는 방과 후 대부분을—브롱크스에 있는 가게는 내가 열 살이 되기 전에 폐업했기 때문에—퀸즈에 있는 가게에서 보냈는데 두 가지 활동 중 하나에 빠지곤 했다. (1) 맥도널드에 가서 감자튀김을 사서 가게 뒤쪽 구석에 살고 있는 쥐에게 먹이 주기.(어머니는 이 놀이를 혐오했다.) (2) 길고 부드러운 나이트가운들이 걸려 있는 진열대에서 놀기.

나는 이 가운들이 가장 특별하다고 생각했는데 왜냐하면 가게에 있는 다른 옷들과 달리 그것들은 투명한 비닐커버로 감싸져 보호되고 있기 때문이었다. 나는 그 가운들과 춤을 추는 척했다. 무도회에서 나는 왕자였고 이 나이트가운들은—비닐로 감싸여진, 육체가 없이 매끈한—공주였으며, 나는 부드러움을 느끼기 위해 투명 비닐 아래로 손을 뻗곤 했다. 때때로 나는 내 몸 전체를 투명 비닐과 가운 밑으로 집어넣었다. 내 머리가 높게 재봉된 허리선에 딱 닿아서 거기에 있으면 질식한다며 나가라고 어머니가 고함지르는데도.

나는 신출내기로서 손님들에게 **도와드릴까요?**라고 묻는 것을

배웠고 나중에는 버튼을 누르면 타자기처럼 탁탁 소리가 나는 커다란 둥근 버튼에 숫자들이 인쇄된 구식의 금전등록기에 매출을 입력하는 법을 배웠다. 나는 지하실에 있는 상자에 넣기 위해 옷걸이들을 모았고, 옷을 크기별로 분류했으며, 하얀색으로 스몰, 미디엄, 라지, 엑스라지, 엑스엑스라지, 엑스엑스엑스라지라는 표시가 매달려 있는 둥근 옷걸이대에 분류한 옷들을 걸어두었다.

우리는 가게에서 멀지 않은, 겨우 몇 블록 떨어진 롱아일랜드 시티에 살았다. 우리 집은 다른 집들이 늘어선 블록의 모퉁이에 있었지만 두 블록 거리에—아버지 말로는 노동력을 착취하는—공장들이 줄지어 있었다. 하늘이 어두워지기 시작하면 길모퉁이는 성노동자들로 채워졌다. 열 살 때인 어느 날 밤, 우리는 바깥에서 도와달라고 외치는 비명을 들었다. 아버지는 창밖을 살펴보았고, 구타당한 그녀의 얼굴을 보고는 바깥으로 달려 나갔다. 하지만 팬티 바람에 덥수룩한 수염을 한 커다란 그는 신뢰감을 주지 않았고 그녀는 달아나 버렸다. 우리 집 창문 바깥에서 들은 비명소리가 그녀의 것이 마지막은 아니었다.

도시의 소음 때문이었는지 자동차 경보음 때문이었는지 혹은 단순히 어린 시절의 불면증 때문이었는지 모르겠다. 나는 자라면서 밤에 거의 잠을 자지 못했다. 최초의 기억은 시간을 보낼 뭔가를 생각하려 하면서 어둠 속에서 우리 집 주변을 어슬렁거리고 있었다는 것이다. 가끔 나는 부모님 침대의 끄트머리에 우두커니 앉아 있기도 했는데 그것은 나의 출현이 마법처럼 그들을 깨우기를

바라서였다. 때로 나는 우리 집에 출몰하는 유령인 척했다.

그러나 나는 지금 나이가 들었고, 그래서 어머니가 그녀의 낙태에 관해 이야기할 때 나는 사춘기 직전의 두 아이에다 아기까지 또 낳는 상상이 불가능했으리라는 것을 논리적으로 이해한다.

그럼에도 그녀가 내게 그녀의 낙태에 관해 이야기했을 때 든 첫 번째 생각은 **그녀가 너무도 좋은 엄마**이기 때문에 충격 중 하나였다는 것이다. 항상 희생하고 항상 우리를 최우선으로 여기는 사람. 때로 여성들이 좋은 어머니가 되기 위해 낙태한다는 지식과 페미니즘에도 불구하고, 나는 먼저 일종의 심판을 하고 있었다.

하지만 좋은 어머니들은 낙태를 하지 않는다는 믿음이 내 안 어딘가에 있다는 것을 인정하는 것은 내가 하고 있는 일과 내 정체성과 너무도 상반되는 것이고 외로움을 자족으로 위장하는 것이다. 나는 임신을 끝내기 위해 예약을 잡았고 나를 임신하게 한 남자 대신 여동생과 함께 갔다.

조산사 같은 사람이 옆에서 손을 붙잡고 있었다. 고통은 예상했던 것보다 훨씬 더 끔찍했다. 나는 울지 않았지만, 구토하지 않고 수술대에서 내려오기 충분할 정도의 혈당을 섭취할 수 있게끔 분홍색 스타버스트 사탕을 먹고 난 뒤 몇 분 동안 얼굴이 창백해지고 입술이 하얘졌다고 동생은 말했다.

그 후 그 건물에서 타고 내려오는 엘리베이터는 낯설었다. 점심 먹으러 나오는 사람들과 함께 밀폐된 공간에 있다는 것은—고통스럽지만 고통을 보여주지 않으려 애쓰고, 구역질 나지만 토하

지 않으려 애쓰면서―삶을 순조롭게 진행시키기 위한 결정이지만 페미니스트의 상투성처럼 느껴졌다.

적어도 끝났다고, 나는 생각했다. 나는 내 생일을 축하했고, 수술이 잘 되었는지 확인하는 데 필요한 혈액 검사를 받았다.

문제가 있었다.

경고받았듯이, 너무 초기에 임신을 끝내려 한 것이었다. 간호사가 전화로 그 고통을 다시 견딘다는 것을 생각하는 것만으로도 다리가 후들거릴 거라 말했다. 그래서 두 번째로 의사를 보러 갔을 때 나는 흐느끼기 시작했다. **제발 뭔가를 좀 주세요.** 그녀는 내가 옳으며 필요한 것을 물을 정도로 용감하다고 말했다. 간호사가 팔에 정맥 주사를 꽂았고 수술을 용이하게 할 진정제를 주었다. 나는 안도와 감사하는 마음으로 울었고 모든 것이 끝나고 의사가 방을 나설 때 눈물로 감사의 뜻을 전했다. 나는 동생과 함께 그 건물을 나와 집에 나를 데려다주려고 기다리고 있는 어머니의 차가 있는 곳으로 갔다. 뒷좌석에 누웠다. 이런 일을 결코 다시는 겪을 수 없다는 것을 나는 알았다.

몇 달 뒤, 나는 내 남편과 내 딸의 아버지가 될 남자를 만났다. 앤드루는 나보다 다섯 살 어렸고 대학을 갓 졸업했으며 양말을 신지 않았다. 나는 그것을 캘리포니아 북부에서 자란 그의 특질 같은 것으로 여겼다. 그는 내게 자기가 일하고 있는 진보적 웹사이트에 글을 써줄 수 있겠냐며 이메일을 통해 연락해왔다. 몇 년 후, 나는 밸런타인데이 선물로 뭘 할까 고민하다 막판에 그 이메일을

액자에 넣었다.

우리는 몇 주 동안 섹스를 하지 않았다. 지금까지 남자와 잠자리를 가지는 데 가장 오래 기다렸던 시간이었다. 오랫동안 사귀었던 남자친구들 대부분은 하룻밤 잠자리여야 했던 관계에서 바뀐 것이었다. 만일 임신하게 된다면 어떤 상황에서도 낙태를 하지 않겠다는 것을 사전에 알고 있어야 한다고 나는 그에게 말했다. 나는 몇 달 전에 무슨 일이 있었는지 그에게 말했고 그는 이해했다.

몇 달간 관계를 진행시키는 동안, 내 첫 책이 출간되었고 그의 할머니가 돌아가셨다. 나는 어른들이 으레 하듯이 꽃을 보냈다. 그리고 이제 갓 대학을 졸업한 아들이 거의 서른이나 되는 여자와 데이트하는 것을 그의 부모가 알면 흥분되지 않을 수 없을 거라 상상했다. 책임감 있는 성인 여성의 한 부류—감정적인 동요를 겪는 사람이 아니라 사려 깊은 사람, 탄탄한 근거를 필사적으로 추구하는 애 같은 어른—라는 것을 증명할 수 있다면 그들이 나를 좋아할 거라 생각했다.

앤드루는 고등학교 때 하버드 여름학교를 다녔었고, 하버드 대학에 갔다. 그는 자기가 다니던 공립학교를 따분해 했는데 학교에서 여는 모든 수학 수업을 들었기 때문에 학교에선 그를 근처에 있는 전문대학[Community College, 주로 인근 지역 출신 학생들에게 실용적 기술 위주의 교육을 하는 2년제 대학]에 보냈었다. 어느 날 내 아파트에서 그가 컴퓨터 채팅창을 열어놓은 채 나갔다. 그는 아직도 그 대학에 있는 전 여자친구와 대화를 나누고 있었다. 그는 그녀에게

우리들 사이에 일어난 것은 대부분 육체적인 것이며 나는 진짜로 지적인 사람이 아니라고 말했다. 9년이 지난 후에도 나는 그 얘기를 절대 꺼내지 않았다. 그가 자신이 얼마나 어린 속물이었으며 내가 어떻게 느껴왔어야만 했는지에 대해 생각하는 것이 그를 너무 아프게 할 것이라 여겼기 때문이었다. 그러나 그것은 우리의 나머지 관계에서도 행보를 같이했다. 즉, 그는 자신이 흥미롭다고 생각한 나이 많은 여자와 사랑에 빠진 것이었고, 내 감정은 명백하게 가치가 없는 것이었다.

앤드루의 부모님이 처음으로 그를 방문하려고 뉴욕으로 왔을 때 그는 크레이그리스트[Craigslist, 주택에서부터 잡동사니까지 모든 물건과 구인·구직, 즉석만남까지도 거래되는 미국 최대의 온라인 생활정보 사이트]에서 만난 남자와 아파트를 공유하고 있었다. 그는 일주일에 겨우 하룻밤을 거기서 보냈다. 대부분의 날들을 나와 함께 지내는 것을 더 좋아했고 또 90센티미터나 되는 전신사진 모형을 거실에 걸어놓은 룸메이트를 피하기 위해서이기도 했다.

나는 아스토리아에서 혼자 살았는데 새 가구들은 브루클린의 윌리엄스버그에 있는 불법 증축 로프트[loft, 맨해튼 소호에서 주로 볼 수 있는 형태로 일반 아파트에 비해 천장이 높고 창문은 크며, 공장을 연상케 하는 벽돌과 시멘트가 곳곳에 보이는 스타일]에서 나오면서 청산한 돈으로 산 것이었다. 이모와 이모부로부터 물려받지 않고 내가 소유한 첫 가구였다. 내가 가진 마지막 소파 세트는 분리형 가죽 소파였는데 어퍼이스트사이드Upper East Side에 있는 한 빌딩에서 현관 안내

인으로 일하는 사촌이 준 것이었다. 전에 소유했던 사람들이 별로 좋아하지 않아서 이사하면서 남기고 간 것으로 원하면 가져도 좋다고 그에게 말했다는 것이었다. 그렇게 그 소파는 내게 왔다. 모서리가 곡선으로 된 묵직한 흰색 커피 탁자와 검은 가죽 소파는 내 아파트를 1980년대 은행가의 집처럼 보이게 했다.(아이러니하게도 브루클린이기 때문에.)

그의 부모와 함께 야외에 좌석이 있는 근처 레스토랑으로 저녁식사를 하러 갈 계획이었다. 그분들이 내 아파트에서 애피타이저를 먼저 먹겠다며 들르지만 않았어도. 나는 이탈리아 음식점에서 안티파스티[antipasti, 전채요리. Appetizer에 해당하는 이탈리아어]를 미리 주문했다. 프로볼로네[이탈리아 남부 캄파니아 지방의 특산 치즈] 한 덩어리, 매운 소프레사타[말린 살라미], 올리브, 페퍼론치니[서양 고추 종류 중 하나], 아티초크, 살라미였다. 음식을 찾아오려면 퇴근하는 길에 들러야 한다는 것에 짜증 난 앤드루는 왜 냉장고에 있는 것—리츠크래커와 체더치즈 한 덩어리—으로 하지 않는지 이해하지 못했다. 음식은 내가 마음 편히 주무를 수 있는 몇 안 되는 것 중 하나이다. 나는 폼 잡지 않고도 근사한 식사를 준비할 수 있다. 페미니스트로서 다소 아이러니하지만, 내가 사기꾼처럼 느껴지지 않는 유일한 시간이다.

앤드루 이전에는 남자친구를 위해 음식을 한 적이 많지 않다. 한 남자친구에게 그럴싸한 저녁식사를 만들어 주려고 한 적이 있었는데, 그는 피아노를 연주하는 또 다른 하버드 졸업생으로 와

스프[WASP, 'White Anglo-Saxon Protestant'의 약자, 앵글로색슨계 백인 신교도. 미국 사회에서 가장 영향력 있는 계급에 속하는 것으로 여겨진다]였다. 그는 신년 전야제 파티에서 내가 화장실에 들어가는 도중 문을 쾅 닫아서 손가락이 부러졌는데도 화장실에서 섹스를 한 적이 있었다. 나는 당시 룸메이트를 피하기 위해 우리 부모님네 집에서 스테이크와 페투치네 알프레도[fettuccine Alfredo, 페투치네를 버터 · 치즈 · 크림에 버무려 맛을 낸 이탈리아 요리]를 만들어 먹었다. 부모님은 주말이라 나가고 없었다. 섹스를 하는 것까지는 모든 게 순조롭게 진행되었는데 부모님의 개가 너무 심하게 방귀를 뀌는 바람에 우리는 섹스를 중단해야 했다. 나중에 나와 깨질 때 그는 지금까지 데이트했던 여자 중에 내가 "가장 끝내주게" 오직 나의 절망만을 가중시키는 여자였다고 주장했다. 커다란 햄버거를 먹는 쿨한 여자, 그러나 셰익스피어 원작을 각색한 영화에 미치는 여자, 국제 NGO에서 인턴으로 있지만 부러진 손가락 때문에 아파죽겠는데도 더러운 화장실에서 섹스하는 것을 허락하는 여자가 되겠다는 나의 시도는 실패했다. 내가 알고 있는 것처럼 그도 알고 있었던 것이다. 내가 그러한 상황의 절반에만 속한다는 것을.

첫 번째 임신을 끝낸 직후에 앤드루를 만난 것은 우연의 일치가 아니었다. 낙태는 점점 통제 불가능한 상태에서 위태롭게 달리는 삶을 부여잡기 위한 일련의 결정을 하라는 마지막 표시였다. 임신하기 몇 달 전 나는 책 쓰는 것을 후원하는 부모님의 집이 있는 뉴욕의 우드스톡에 머무르기 위해 브루클린에서 나왔다.

실제로는, 우리가 관계하는 내내 바람을 피우고 있었다는 모든 증거와 정황에도 불구하고 여전히 사랑하고 있는 전 남자친구를 피하기 위해서였다. 또한 이제 막 나를 겁나게 하기 시작했던 거의 2년간의 습관을 깨고 본격적으로 코카인을 끊기 위해서이기도 했다. 나는 의식적으로 이러한 것들을 더 이상 하지 않겠다고 결심했다. 마약, 데이트 병신, 직업에서 내 능력과 아무 상관없는 행운을 믿는 것.

그래서 나는 자신이 페미니스트인지 아닌지 확실히 모르는 젊은 여성들을 위한 책을 출간했고, 축하 파티를 열었으며, 어머니는 오는 손님들에게 대접하려고 집에서 만든 샐러드와 시금치파이를 가져왔다. 앤드루는 할머니를 뵈러 캘리포니아에 가 있었다. 나는 술에 취했고 화장실에서 애더럴[Adderall, 각성제의 일종]을 흡입했다. 화장실에서 나가기 전에는 푸른색 가루가 묻은 콧구멍을 깨끗이 닦아냈다. 어떻든 코카인보다는 나쁘지 않을 거라는 이유를 달았다. 게다가 코카인도 없었다.

바 입구 근처의 탁자에 책이 쌓여 있었고 뒷면에 있는 내 저자 사진을 엄지손가락으로 만졌을 때 나는 그 사진을 찍을 당시 임신했었다는 것을 깨달았다. 웃으며, 알지 못하는 채, 자세를 취하고 있었다.

아름다움

검은색 실로 봉합하고 집에 돌아올 때까지 여동생은 손목에 난 깊은 상처에 대해 단 한마디도 하지 않았다. 그렇다 하더라도, 그것은 그녀의 녹색 부활절 원피스에 꼭 강아지 모양으로 피가 퍼진 것을 말해주고 있을 뿐이었다.

그녀는 그날 그 원피스를 입을 예정이 아니었다. 어머니가 더러워질까 봐 걱정했던 것이다. 하지만 동생은 고집을 부렸고, 잔뜩 꾸민 채, 우리는 이모부네 아파트 위층에 세 들어 사는 어린 소녀와 함께 놀려고 옆집으로 걸어갔다.

아름다운 여성들이 있는 가정에서 자랄 때 가장 듣고 싶지 않은 말은 아버지를 닮았다는 것이다. 그것은, 하지만, 어쩔 수 없는 현실이다. 나는 아빠를 닮았고 동생은 어머니처럼 생겼다. 여자가 무척 아름다우면 남자는 여자에게 아름답다는 말을 하기 위해 거리에서 정중하게 불러 세운다. 아이들은 내 동생에게 똑같은 것을 했다. 당시 우리 이웃은 이탈리아와 동남아시아 및 브라질 사람이 대부분이었는데 그녀는 금발머리에 녹색 눈을 한 경이로운 작은

소녀였고, 아이들은 우리 집에서 몇 블록 떨어진 스프링클러가 있는 콘크리트로 된 놀이터에서 그녀의 눈을 들여다봐도 되는지 물어보려고 그녀를 멈춰 세우곤 했다.

그녀가 멋진 원피스를 입고 머리를 땋은 그 날, 우리는 무엇을 하며 놀아야 하는지에 대해 친구들과 언쟁을 벌이고 있었다. 우리는 스퍼드Spud라 불리는 게임을 하기로 정했다. 우리 중 한 명이 커다란 붉은 고무공을 공중에 던지는 곳에서 다른 아이들은 골목을 달려가는 게임이었다. 일단 공이 손에 돌아온 후에는 그 자리에 가만히 얼어붙는 대신 달려가는 아이를 붙잡겠다는 바람으로 **스퍼드!**라고 외쳤다. 몇 번 하지도 않았는데 이웃 아이가 속였다며 나를 비난했다. 나는 내가 그렇지 않았다고 기억한다.

그녀가 건물 현관 입구의 계단으로 뛰어들어오자, 동생이 그녀의 뒤를 따라왔다. 그녀는 이웃 아이가 끝내 문을 열 때까지 유리로 된 문을 통해 재미있어 죽겠다는 얼굴로 서 있었다. 그런데 그녀가 그렇게 했을 때, 뒤에 바짝 붙어있는 나를 보았고, 그녀는 마치 내 동생이 그녀를 멈춰 세우려고 팔을 잡아끌기라도 한 것처럼 문을 쾅 닫아버렸다.

산산조각 난 유리 중 하나가 팔을 관통했고 이웃 아이는 자기 엄마에게 우리가 그것을 깨뜨렸다며 소리 질렀다. 그녀는 피를 보지 못했다. 붉은 피는 그녀의 녹색 원피스에 퍼지고 있었고 나는 엄마에게 외치며 집을 향해 달려갔다. 철조망으로 된 울타리를 뛰어넘어 이모네와 우리가 함께 쓰고 있는 마당으로 갔다. 동생은 내 뒤에서

아무런 말도 하지 않은 채 천천히 걸어왔다. 피는 훨씬 더 넓게 퍼지면서 팔에서 원피스로 쏟아져 나와 그녀의 발밑에 고이고 있었다.

차체에 나무 널판을 댄 스테이션왜건wood-paneled station wagon에 탔을 때 부모님은 맨발이었다. 어머니는 동생과 함께 앞 좌석에 앉아서 그녀의 손목 위에 헝겊을 둘러 붙잡고 있었다. 아버지는 창문 밖으로 **아이가 다쳤어요, 아이가 다쳤어요**라고 외쳤는데, 그의 목소리는 자동차의 빵-하는 경적 소리가 통하지 않을 때면 다른 차들에게 비켜달라고 양해를 구하는 임시변통의 사이렌 역할을 하며 아스토리아 종합병원까지 달려갔다.

응급실에 뛰어들어갔을 때, 동생은 침묵했고 피투성이였다. 나는 대기실에 있던 할머니를 기억한다. 들것 위에서 가쁜 숨을 몰아쉬고 있었다.

그녀가 여전히 아름다워지는 동안 나는 더욱 거북해지는 몇 년이 지나갔다. 사춘기 동안 한두 번을 제외하고는 여드름이 안 난 적이 거의 없었다. 동생과 어머니가 옷과 귀걸이, 화장으로 꾸미는 동안 나는 상대적으로 내가 얼마나 못생겼는지 증명하기 위해 위층 화장실에서 문을 걸어 잠그곤 했다. 세면대 위에는 큰 거울이 달린 수납장이 있었는데 거기에 달린 세 개의 문을 모두 끌어당기면 가능한 모든 각도에서 얼굴을 볼 수 있도록 3면 거울을 만들어낼 수 있었다.

코는 너무 컸고 턱은 너무 작았다. 윗입술 위의 수염은 점심값을 숨겨놓은 돈으로 제노비스Genovese 가게에서 몰래 산 졸린Jolene

으로 표백했는데 황갈색 피부 때문에 더 두드러져 보였다. 자신의 얼굴을 빤히 오랫동안 바라보면 모든 것이 흉물스러워 보이기 시작한다. 특히 열 살 때에는.

나는 당시 일기에 이렇게 썼다.

내가 너무도 못생겼다는 것을 참을 수 없다. 내 코는 너무 커다랗고, 얼굴엔 여드름이 난 데다, 팔은 털북숭이다. 나는 나를 좋아하는 남자나 남자친구를 절대 가질 수 없을 것이다. 내 친구들은 모두 예쁘고 나는 친구 하나 없는 사람이 될 것이다.

나는 그때 실제로 외롭다고 느끼고 있었는데 내가 다니던 루스벨트아일랜드 초등학교의 매트*라는 이름을 가진 소년에게 사로잡혀 버렸기 때문이었다. 매트는 내가 푹 빠질 만한 기다란 금발이었는데 내 코가 크지만 않다면 무척, 무척이나 예쁠 거라고 말한 적이 있다. 그는 내가 예쁠 수 있다고 생각했다!

나는 그가 단신이면서 바가지 머리에다 가끔 놀렸음에도 불구하고 그에게 완전히 빠져버렸다. 6학년 때 핼러윈데이에 그는 야구 장갑으로, 나는 원시인으로 분장했을 때 그는 내가 학급 대회에서 "가장 매력적인" 의상상을 받을 거라고 말했다. 큰 플라스틱 뼈를 가지고 다녔기 때문에 잔인한 소녀 한 무리가 개로 분장한 거냐고 묻기는 했지만. **가장 매력적이라니!**

그 소녀의 부모들은 섬 바깥의 아이들이 그 초등학교에 입학하는 것을 좋아하지 않았다고 부모님은 나중에 말했다. 우리가 살

---

*책 전반에 걸쳐, 특히 내가 긴밀한 관계를 맺었던 사람들의 경우 개인 정보를 보호하기 위해 이름을 변경하였다.

고 있는 퀸즈의 작은 다리 건너편은 우리를 외지인으로 낙인찍은 것이었다.

매트는 무키라는 이름의 고양이를 한 마리 가지고 있었는데, 나를 놀리지 않을 때에는 옆으로 불러내서 자신이 좋아하는 것들에 관해 이야기를 했다. 메츠[Mets, 뉴욕 야구팀 명칭], 엄마, 고양이, 그리고 앞으로 또 있을지 모를 다른 고양이에 대해. 우리는 2학년 때부터 6학년 때까지 모든 수업을 함께 했는데 나는 이것을 일종의 신의 개입으로 여겼다. 우리가 천생연분이라는 증거.

나는 코를 재기 시작했다. 우선, 내 얼굴 위에 있는 코의 크기를 손가락으로 잰 뒤 내 손가락을 어머니에게 가져가 그녀의 코와 비교해서 내 코가 얼마나 큰지 입증하는 것이었다. 그녀는 내 코가 더 작다고 주장했다. 그런 종류의 선의의 육아는 내게 불신과 분노만 불러일으킬 뿐이었다. 당시 누군가 내게 말했던 것 중에 가장 좋은 것은 내 나이 또래의 많은 아이들이 큰 코를 가지고 있는데, 결국엔 "그에 맞게 큰다"는 것이었다. 그 말은 내가 추하다고 느끼는 것이 내 머릿속에 박혀있는 유치한 자기혐오가 아니라 타당한 것이었음을 승인하는 것이었다. 그 말이 내게 희망을 준 유일한 것은 내 얼굴이 서서히 변해서 현재 실행되고 있는 흉물보다는 적당하게 균형이 잡힐 거라는 생각이었다.

그럼에도 나는 어머니가 잡동사니 수납함에 보관하고 있던 치맛단을 재는 줄자를 가지고 코의 크기를 기록하기 시작했다. 나는 시를 쓰는 데 사용하는 작은 라벤더 색상의 공책에 수치를 적어놓

았다. 마지막 페이지에 숫자들을 써놓은 이유는 부모님이 공책을 발견했을 때 마지막 페이지에 무언가를 써놓았다고 생각하지 않을 것이라 믿었기 때문이다.

자신의 얼굴을 죽도록 혐오한다는 것은 엄청난 양의 관심과 주의를 소요하는 일이다. 강박관념은 거의 모순에 가까운데, 이유는 자기혐오를 조금씩 좋아하게 되기 때문이다. 그것은 일상의 한 부분이 된다. 내가 아름답다고 생각하게끔 어느 누구도 속이지 않는다는 것을 알고 있기 때문에 그때에는 어리석게 느껴지는 행위, 즉 거울을 지나칠 때마다 **너를 혐오해**라고 속삭이거나 옷을 입을 때 혹은 화장을 할 때 말은 안 하지만 똑같은 생각을 하게 된다. 내 몸이나 얼굴에 가치를 높여줄 수 있는 것은 아무것도 없는 것이다.

그래도 보는 것을 참을 수 있다는 게 어디인가. 대학 졸업 후 잠시 동안 함께 살았던 친구는 직장 신분증이 있었는데 그녀는 그것을 항상 목에 걸고 다녀야 했다. 하루종일 자신의 얼굴을 보는 것을 피하려고 그녀는 조그만 노란 종이를 꼼꼼하게 사각형으로 잘라 그녀의 얼굴 위에 붙여버렸다. 나중에 나는 그녀의 침대 밑에서 숨겨둔 토사물이 든 비닐봉지를 찾았는데, 냄새를 감추려고 수건으로 감쌌지만 결국 그 냄새 때문에 발견하게 된 것이었다.

당시 나는 부모님이 초등학교에서 어떻게 만났을까에 대해 많이 생각했었다. 그것은 매트와 내가 언젠가 결혼하게 되는 것이 아닐까 하는 궁금증에서 비롯된 것이었다. 나는 부모님에게 제발 코 성형수술을 해달라고 조른 적이 있다. 이제는 3면 거울을 들여다볼

때 종잇조각을 들고 다녔다. 코의 튀어나온 부분 위에 종이를 놓으면 코가 없어졌을 때 내가 어떻게 생겼는지 볼 수 있기 때문이다. 아버지는 내 코가 이탈리아인의 유산의 일부라고 말한다. 코를 고치는 것은 우리 민족에 대한 모욕이라는 것이다. 나는 그럼 우린 매일 스파게티만 먹어야 될 거라고 응수한다. 그는 확신이 서지 않는다.

코가 조금만 더 작았더라도 나는 만사형통일 거라 상상한다. 남자친구도 있을 것이고—혹은 정말 최소한 매트가 나를 좋아하는 것에 대해 다시 생각하지 않을까—학교의 여자애들도 나를 놀리는 걸 그만둘 것이다. 그 해에 여자애 몇 명이 우리가 왜 더 이상 친구가 될 수 없는지에 대해 "이야기"하려고 나를 운동장에 데리고 갔다. 내가 너무 시끄럽다는 것이었다. 부적절한 방식으로 승인을 간절히 원하기에 나는 그들이 말하는 모든 것에 동의했다. **우린 심술궂게 하려는 게 아니야.** 그들이 말했다. **다만 니가 점심을 어디 다른 곳에서 먹으면 더 좋을 거 같아.**

내가 더 그들처럼 생겼다면, 작은 코에 머리띠와 리본을 맨 길고 윤나는 머리카락을 가졌다면, 내 동생과 점심을 먹으러 어린 아이들이 있는 건물에 가려고 섬을 가로지르지 않아도 된다는 것을 나는 안다.

퀸즈에서 루스벨트로 통학하는 다른 여자아이가 딱 한 명 있었다. 3학년 때 코스타리카에서 이민 온 아이로 우리 집에서 겨우 세 블록밖에 떨어지지 않았기 때문에 우리 부모님이 차로 태워다 줬다. 그녀는 모든 아이들 중에서 가장 잔인했다. 우리가 줄을 서 있으면

내 머리에 물건을 던졌고, 옷을 거꾸로 입은 것처럼 보인다고 말했다. 내가 하는 모든 것이 우습다는 게 이유였다. 그녀의 아파트 창문 너머로 보았던 장난감들이 1년 내내 거기에 있는 것을—그녀는 자기 엄마의 남자친구가 부서뜨렸다고 했지만—나는 본 적이 없다.

나는 친한 남자애들로부터 세상에는 귀여운 여자, 예쁜 여자, 멋진 여자, 섹시한 여자와 때로 이 모든 것이 변형되거나 혹은 그 모든 것을 조합한 여자가 있다는 것을 알게 되었다. 최악은 뚱뚱한 여자 혹은 못생긴 여자이다. 나는 못생긴 여자였고 일단 가슴이 커지면서 섹시한 여자가 되었으며 되는 대로 아무렇게나 야한 농담을 말하기 시작하는 여자가 되었다. 엄마가 말한 대로 "가슴이 생기"자 마자 내 얼굴을 가지고 놀리는 것은 중단되었고 남자들은 나를 울리는 것보다 내 몸을 더듬는 것에 더 흥미를 가지게 되었다. 나는 내 얼굴과 비열한 여자아이들을 잊고, 내 몸이 할 수 있는 것과 고무할 수 있는 것들에 초점을 맞추기 시작했다. 여름방학에는 어릴 때부터 알았던 친한 남자애가 방에서 영화를 보면서 아무 말도 없이 내 가슴에 손을 올려놓았다. 나는 어쩔 줄 모른 채 그대로 얼어붙어 있었다. **먼저 키스부터 해야 하는 게 아니었을까? 나는 열한 살이었다.**

그 이후 몇 년이 흐르면서, 내 얼굴을 잊으려고 애쓰는 데 몰두하게 되면서, 내 동생이 몸을 "사라지게" 하려고 애쓰는 방식을 알아차리지 못했다. 우선, 여름에 해변에 갈 때에는 긴 청바지를 짧게 잘라 수영복 위에 입는다. 수영할 때도 그렇게 입자 짜증이 난 부모님은 우스꽝스러워 보인다며 벗으라고 소리 질렀다. 몇 년 뒤

그 반바지는 9킬로그램과 함께 사라졌다. 그녀는 설탕이 들어간 음식이라면 어떤 것이든 거부했고 어머니가 요리하는 가족의 저녁식사 대신 자기만의 음식을 만들어 먹었는데, 늘 한기를 느끼는 것 같았다. 부모님은 그저 다이어트하는 거라며 걱정할 일이 아니라고 했다. 그러나 한 휴가지에서 온 그녀의 사진, 즉 탁자 위에서 글을 쓰고 있는 그녀의 사진에서 보이는 모든 쇄골과 움푹 파인 뺨은 다른 이야기를 하고 있었다. 그래도 그녀는 운이 좋았다. 그녀는 그 사진에서 내가 본 것과 똑같은 것을 보았고 다시 먹기 시작했다, 망설이지 않고. 그녀는 항상 다른 누구보다 강했다, 특히 나보다.

내 삶에서 몸무게가 너무 많이 나간다고 느낀 적이 있었다. 대학 1학년이 끝난 여름에 나는 의식을 잃을 때까지 술 마시는 법을 알게 되었는데, 일명 "페니 피쳐스[penny pitchers, 일반적으로 대학가 주변에 있는 술집에서 일주일이나 한 달에 한 번 입장권을 구매한 고객들에게 모든 맥주를 싸게 마시게 하는 행사]"와 나랑 깨질 남자가 그 원인이었다. 나는 명절 휴가 동안 할머니를 보러갈 때까지 병원 외에는 체중계에 올라간 적이 없었다. 할머니가 나를 보고 한 첫 마디는 **와, 너 살 쪘구나**였다.

몇 년 후, 딸을 출산한 뒤, 한 편집자는 내게 레일라를 낳고 나서 어떻게 곧바로 출산 전과 똑같은 몸무게가 되게끔 임신살을 뺐는지에 대해 쓸 수 있는지 물었다. 1킬로그램의 아기를 가진 게 도움이 되지 않았을까, 라고 나는 짐작한다. 간이 손상된 것도 식욕을 억제하는 데 한몫했을 것이다. 조산은 엄마들에게 가장 뜨거운

새로운 다이어트 팁이다. 비쩍 여위게 된다는 것이 그렇게 텅 비어 있는 느낌이라는 것을 전에는 가져본 적이 없다.

사람들은 나이가 들면서 점점 공손해진다. 적어도 얼굴 앞에 서는. 그래서 나는 내 코에 대한 것을 대부분 잊을 수 있었다. 어쩌면 코와 함께 마침내 내가 성장했기 때문일 수도 있다, 확신할 순 없지만. 몇 년에 한 번씩 내게 함부로 내뱉는 잔인한 말들을 제외하고는 특정한 조롱으로부터 안전해졌다. 잊도록 도와준 것은 남자들이 내게 얼마나 무언가를 원하는 것처럼 보이는가 하는 것이었다. 나를 만지기를 원한다는 것은, 내 생각에, 나는 내가 상상하는 만큼 흉물스러울 리가 없다는 것이었다.

루스벨트 섬으로 가는 승강장에서 전차를 기다리고 있을 때, 첫 번째 진짜 남자친구—브로드웨이 110번가에 사는 친구의 친구—와 처음으로 진정한 첫 키스를 했다. 그것은 빠르고 축축한 느낌이었지만 짜릿했다. 친구에게 나를 위해 그와 헤어지라고 부탁하기 전까지 우리는 몇 번 더 전화 통화를 했다. 이유는 기억나지 않는다.

나중에 나는 뉴욕의 우드스톡에 사는 남자와 데이트했는데 그는 "도시" 여자친구를 갖는 것을 좋아했다. 그의 이름은 카리브해의 시인의 이름에서 따와 붙여졌고, 첫 번째 곡으로 '노벰버 레인 [November Rain, 건즈 앤 로지스의 노래]'이 실린 혼합 음반을 가져와서 내게 준 뒤, 애무하는 동안 손을 브라 안으로 넣었다. 우리는 다른 친구들이 밤샘파티를 하려고 뒷마당에 세워놓은 텐트 안에 있었다. 우리가 남학생들과 거기에 있다는 것을 알게 된 부모님은 달가

위하지 않았으나 별말을 하지는 않았다. 그날 밤 그는 내 몸에 대고 리드미컬하게 문질렀는데 내가 이해하지 못하는 방식이었다. 그는 나중에 내게 물었다. 섹스를 하고 싶은 게 아니었다면 왜 그렇게 하도록 내버려 뒀냐고.

이것은 내 인생에서 처음으로 누군가 나를 원한다고 느낀 때를 표시한다. 거리의 낯선 성인들이나 모두가 이미 알고 있는 조그만 소도시에서 데이트했던 남자애들이 아니라 또래에게서. 그리고 고등학교가 시작되었을 때는 졸업반 남학생들까지도. 갑자기 훨씬 더 번지르르하게 말하며 열성적으로 된 사내들이 영화를 보러 가자거나 당구장에 가자며 데이트를 신청해왔다. 두 번째 등교일에는 새로운 친구 제임스가 우리 집에 왔다. 190센티미터의 녹색 머리를 한 열네 살짜리가 딸에게 사귀자고 문으로 들어왔을 때 아버지는 충격을 받았다.

제임스와 데이트하기로 결정하고 나서야 비로소 나는, 내가 선택을 가늠한다는 게 믿을 수 없었지만, 신중하게 생각했다. 그는 아직도 치아교정기를 하고 있었고 내가 아는 다른 녀석들만큼 귀엽지는 않았지만 2학년이었으며, (그가 말하기를) 그것도 무려 낙서 예술가였다. 나중에 그의 아버지를 만났을 때 그는 내가 멋진 눈을 가졌다고 말했는데, 나는 그것이 **얼굴의 나머지는 못생겼다**는 암호로 이해했다. 그 관계는 처녀성을 잃고, 지마[Zima, 알코올 도수가 낮은 일본의 주류 브랜드] 마시는 것을 "허락받아야" 하는지에 대해 싸우며, 그가 대학으로 떠날 때 입술에 피어싱을 한 여자로 끝났다.

그때는 누가 나를 원한다는 것만으로도 너무 기뻤다.

중학교에 진학하려고 루스벨트 섬을 떠나기 전, 나는 매트에게 내년에는 다른 학교에 다니게 될 거라고 말했다. 맨해튼에 새롭게 문을 연 과학기술중심 학교였다. 나는 직접 지원서를 작성했고 네모칸 안의 "낙서"란에 야자수와 피라미드 그림을 그려 넣었을 때 매우 기발하다고 생각했다. 그들이 그것을 세계를 향한 눈이라는 상징으로 받아들일 것이라고 생각했기 때문이었다. **아무렇게나 끄적거린 낙서가 아니라!**

우리는 학교 건물 밖에서 전에 없이 가까이 서서, 단둘이서, 대화를 나눴다. 그는 내가 지역 연극부와 함께 공연하는 방과 후 연극을 보러 오겠다고 약속했다. 우리는 친구가 된 것이었다. 우리가 서로 만나는 마지막이 아닐 것이었다. 그러나 그것이 마지막이었다.

무대

"얼른," 그가 말했다. "니가 얼마나 잘 빠는지 우리한테 보여줘."

한 녀석이 등교하는 길에 젠의 입에 다시 집어넣기 전에 막대사탕을 끄집어냈다. 그러고 나서 또다시 끄집어냈다. 처음에 젠은 당황했지만 그가 미소를 짓자 빨간 테두리를 빙 둘러가며 입술을 과장하기 시작했고, 수줍어하는 표정을 지었다. 그가 웃으며 말했다. **좋아.**

우리는 점심을 먹으려고 나와서 33번가에 있는 중학교 건물 앞에 서 있었다. 맥도날드에서 음식을 사거나 식당에서 먹기를 원하면 학교 밖으로 나가도 좋다는 허락을 받았기 때문이었다.

절대 안 해라고 말했는데도 그는 내게로 왔다. 그리고는 가느다란 흰색의 막대를 내 입에서 빼내려고 붙잡았다. 나는 이를 꽉 깨물고 그를, 그의 눈을 똑바로 쳐다보았다. 그는 다시 웃더니 친구에게 말했다. **적어도 얘는 놓아주지 않을걸.** 이것이 내가 구강섹스가 무엇인지 배운 방법이었다.

나는 친구 중 한 명과 함께 내 방에서 흰색과 검은색으로 된

작문공책에 펜과 빨간 매직펜으로 섹스에 대한 이야기를 쓰면서 오후를 종종 보냈다. 우리는 대사를 만들었고 "핫도그"나 "분출 우유"와 같은 전문용어도 사용했다. 나는 앞면에 새끼고양이가 그려진 잠옷에 공책을 싸서 옷장 뒤에 숨겼다. 어머니가 입으라며 가게에서 가져온 잠옷이었다.

젠이 보내온 구강섹스—퍼런 보라색의 성기와 혀—에 관한 농담을 적은 공책을 부모님이 발견했을 때, 그렇게 쓸 정도라면 너무 많이 알고 있는 아이라고 주장하면서 부모님은 내가 더 이상 그녀와 만나지 않기를 바랐다. 나중에 젠은 우리 모두에게 6학년 때 낙태를 했는데 복부의 흉터가 그 증거라고 가리켰다. 또 다른 친구의 언니가 우리가 확실하다고 알고 있는 낙태가 실제로 어떻게 끝나는지 설명한 뒤에야 비로소 우리 모두는 그녀가 거짓말을 하고 있다고 의심했다. 하지만 우리는 그녀에게 아무 말도 하지 않았다.

나는 등교 첫날 천장등이 깜빡거리는 지하 식당에서 중학교 친구들을 만났다. 같은 테이블에 앉아 있는 아이들 중 다섯 명은 부모가 해안 경비대에 있었기 때문에 모두 거버너스 섬[Governor's Island, 맨해튼 밑에 있는 작은 섬. 군사기지에서 현재는 뉴욕의 관광 명소로 자리 잡았다]에 살고 있었다. 우리는 방과 후와 주말에 섬에서 오랫동안 걷곤 했는데 지금까지 가져본 적 없는, 어른들이 없는 최고의 장소였기 때문이었다. 그곳은 내 친구 중 하나가 나를 "보증"해주지 않으면 들어갈 수 없기 때문에 특별하고 비밀스럽게 느껴졌다. 그 기지에 와도 좋다는 사람들 명단에 친구가 나를 올려준 것이었다.

친구네 부모 중 한 명도 만난 적은 없는 것 같다. 우리는 범인 잡기 놀이를 하거나 버거킹 상표가 부착된 볼링장에서 돌아다니면서 대부분의 시간을 보냈다. 가끔 젠은 맥주 한 병을 마시고 취한 척했다. **나 바지에 오줌 쌌어!** 그녀는 그러지 않았으면서도 꽤액 소리를 질렀다. 그러면 남은 우리들은 동조하는 체하며 그녀를 들어 올려 집에 데려다주었다.

어느 주말에 우리는 「세븐틴 잡지Seventeen magazine」모델 콘테스트에 응모할 수 있게끔 일회용 카메라로 사진을 찍기로 결정했다. 우리는 가장 멋지다고 생각하는 옷을 입었다. 나는 친구에게 빌린 반쯤 비치는 꽃무늬 윗도리와 청바지를 입었다. 우리는 서로 그네를 타거나, 잔디에서, 바위에 올라가서 자세를 취하며 사진을 찍었다. 사진을 받았을 때, 우리는 사진을 보며 함께 웃었지만, 더 나아가서, 우리 사진이 그렇게 나쁘지 않을지도 모르고 어쩌면 **최고**일 수도 있으며 제출할 만한 가치가 있는 것일지 모른다고 은밀히 바랐다. 친구 중 하나는 내 코가 그렇게 **대박 크지만 않았다면** 내가 틀림없이 수상했을 거라 말했다.

또 다른 주말에 우리는 시내에서 열리는 산제나로 축제[San Gennaro's feast, 미국 속의 작은 이탈리아라고 불리는 리틀 이태리Little Italy 지역에서 매년 9월에 열리는 축제]에 가서, 길모퉁이 가게에서 와인쿨러[포도주에 과일 주스, 얼음, 소다수를 넣어 만든 칵테일]를 사고는 갈색 종이봉투에 넣고 돌아다녔다. 열두 살이었다.

우리는 고등학교 졸업반 남학생들을 만났는데 그들은 우리

가 7학년이라고 말했는데도 전화번호를 원했다. 그들의 전화번호를 우리에게 주는 대신, 나는 지갑에서 갈색 아이라이너를 꺼내 내 팔 위에 우리 중 가장 짧은 호출기 번호를 썼다. 그는 자기 삼촌이 존 고티[John Gotti, 1940~2002. 이탈리아 빈민 노동자의 아들로 태어나 16세 때 갱단을 조직했다. 후에 미국 마피아의 최대계파인 감비노 가의 두목이 되었다]라고 말했다. 우리는 무척 놀라는 척했다. 나는 그의 번호를 전혀 사용하지 않았지만 학교에서 친구들에게 자랑하느라 며칠 동안 팔을 씻지 않았다. 부모님 앞에서는 긴 소매 옷을 입어서 가렸다. 그날 밤 우리와 함께 있었던 한 소녀는 그중 한 남학생과 임신까지 갔다. 몇 년 뒤 고등학교에서 그들이 결혼할지도 모른다는 이야기가 들려왔다.

나는 일주일에 하루는 방과 후—2학년 때부터 매해 가져왔던 것과 같은 연말 공연을 무대에 올리는—연기 수업에 다닐 예정이라고 친구들에게 말하지 않았다. 너무 열성적인 것은 너무 찌질해 보이기 때문이었다.

*****

3학년 때부터 공연을 시작했다. 부모님이 나를 루스벨트 섬의 초등학교에 데려간 1년 뒤였다. 몇 달에 걸친 긴 노력 끝에 부모님은 내 동생과 나를 퀸즈의 후진 학군에서 전학시켰던 것이다. 우리가 공연한 첫 연극은 「올리버」였고 나는 고아와 동시에 어느 시점

에서 누군가에게 어떤 로켓[locket, 사진이나 기념품, 머리카락 따위를 넣어 목걸이에 다는 작은 갑]을 주는 인물인 샐리 할머니라는 두 가지 배역을 맡았다. 왜 그랬는지는 기억이 나지 않는다.

3막 중 1막에서, 샐리 할머니 대사를 하려고 무대에 나갔을 때 나는 검은색 펜으로 테두리가 되어 있는 소품 탁자 위에 로켓을 놓고 왔다는 것을 깨달았다. 그래서 내 대사를 말하는 대신, 나는 조용히, 움직이지도 않고, 숨도 쉬지 않은 채로 멈춰 있었다. 관객들은 웃었다. 웃음이 차츰 잦아든 뒤 다시 침묵이 왔다. 같이 공연하는 동료가 무대 아래로 달려가서 로켓을 가지고는 내게 주려고 돌아왔다. 목걸이가 내 손에 있게 된 후에야, 손가락으로 로켓을 꽉 잡은 채, 나는 다시 말할 수 있었다.

나는 더 좋은 배역을 얻기 시작했고 대사도 더 많아졌는데, 대사를 암기하는 데 도움을 받기 위해 노란 형광펜으로 칠하기도 했다. 6학년이 되자 주연을 차지했다. 「바이 바이 버디Bye Bye Birdie」에서 로지 역할을 맡은 것이었다. 나는 그 역할을 맡기에는 너무 어렸기 때문에 섹시한 척 경험이 있는 척 가장해야 했다. 나의 거창한 독창은 술이 달린 빨간 반짝이로 장식된 짧은 치마를 드러내려면 재킷을 벗어 던질 것을 요구했다. 나는 밝은 분홍색 립스틱을 발랐다. 내 친구의 엄마 중 한 명인 안무가는 무대에 나서기 전에 내 귀에 대고 자, 붙어 봐라고 속삭였다.

나중에 나는 「리틀 메리 선샤인Little Mary Sunshine」에서 낸시 역을 공연했는데, 그녀는 남자친구가 있지만 다른 모든 남자들로부

터도 관심받는 데 열광하는 인물이었다. 내가 부른 노래 중 한 곡은 '장난꾸러기 낸시'였고, 또 다른 한 곡은 정보를 얻으려고 남자를 유혹하는 스파이처럼 되기를 원한다는 노래였다. **오, 그녀는 얼마나 사악한 여자였던가, 그게 바로 내가 되고 싶은 부류의 여성이라네.**

나와 함께 연극부에 있던 친구 데이브는 내가 그 배역에 적합한 "인물"이기 때문에 그 역할을 얻을 수 있었을 거라 말했다. 겨우 열한 살밖에 안 먹은 데이브는 다 큰 어른처럼 말했다. 몇 년 뒤 그는 내게 남자친구와 "성관계를 가졌는지[원문은 if I knew my boyfriend "in the biblical sense"이다. 남자친구를 "성서적 의미에서" 안다는 말은 창세기 4:1에서 연유한다. 아담과 이브가 에덴동산에서 쫓겨난 뒤의 일이다. "아담이 그의 아내 하와(이브)와 동침하매 하와가 임신하여 가인을 낳았다." 이 문구에서 "동침하다"라는 말은 풀어서 번역한 표현이고 원래는 "알다"라는 단어가 사용되었다. "알다"라는 뜻의 히브리어는 단순히 서로 안다는 것 이상의 의미를 가지고 있다. 어떤 사람을 깊이, 사적으로 안다는 뜻인데, 맥락에 따라서는 "성관계를 가졌다"는 것을 점잖게 표현하기도 한다.—『바이블 키워드』, J. 스티븐 랭, 남경태, 2007, 도서출판 들녘]" 물었다. **그러니까, 섹스했냐는 말이잖아?**

나는 고등학교 내내 공연을 계속했다. 우리는 "진정한" 연극을 지지했기 때문에 뮤지컬은 보다 적게 했다. 극단에 돈을 가장 많이 바치는 부모의 아이들에게 더 좋은 배역이 돌아간다는 말이 들려왔다. 우리 부모님은 한 푼도 바치지 않았다. 마지막 공연이 있는 마지막 날, 3학년 때부터 나를 지도하고 가르쳐온—우리 어머니와 같은 이름을 가진—선생님은 내가 자랑스럽다고 말하면서 카드를 한 장

줬다. 지난 수년간 내가 맡았던 역할 중 일부를 나열한 것이었다. 후에, 공연이 끝나고, 나는 같은 졸업반인 또 다른 친구의 것과 내 것을 비교했다. 배역 목록을 제외하고는 그녀의 카드에 적힌 글이 내 것과 토씨 하나 틀리지 않고 똑같았다. 주연을 더 많이 맡은 다른 몇몇 아이들의 것은 메시지가 더 길었고 더 개인 맞춤형이었다.

*****

내 딸은 초조하다. 다섯 살이지만, 일단 여섯 살이 되면 실제 청중을 앞에 둔 진짜 무대에서 발레를 공연해야 한다는 것을 알고 있다. 지금 연말에, 부모들은 신발을 벗고 작은 발레 연습실에 줄 서서 들어가서는 거울로 된 벽을 마주한 채 접이식 의자에 앉아 우리 아이들이 똑같은 방에서 주간에 배운 공연을 지켜본다. 우리는 이 조그만 인간들이 완전히 제멋대로 즐겁게 춤을 추며 팔짝팔짝 뛰는 것을 지켜본다. 우리를 향해 손을 흔드는데, 발은 걸려 넘어지고, 머리띠는 눈 주위로 떨어진다. 그래도 그들은 신경 쓰지 않는다. 부모와 조부모들이 바로 거기에서 웃으며 사진을 찍고 있기 때문이다.

하지만 여섯 살이 되면 그 공연이 무대로 옮겨진다는 사실이 레일라에게는 흥분되기도 하고 두렵기도 하다. 그녀는 "진짜 발레리나"가 되기를 원하지만 모든 사람들이 그녀를 지켜본다는 것이 두렵다. 나는 걱정하지 말라고 말한다. 관객으로 온 사람들은 모두 그녀 편이라고. 그들은 그녀가 행복하게 춤을 추는 모습을 보는 것

만으로도 흥분될 거라고.

그녀는 선생님이 그날 따라올 수 있는지, 만반의 준비를 하고 대기할 수 있는지, 혹은 평소에 하는 것처럼—부모님을 위해서 친구들과 함께 방 안에서 하듯이—춤을 출 수 있는지 알고 싶어 한다. 다섯 살짜리로서 마지막 공연이 있기 전날 밤, 나는 연극에서 대사를 배우는 게 괴롭지 않은 존재가 되는 것에 관한 꿈을 꾼다. 무대 위에 오르기 직전에 필사적으로 휙휙 넘겨보던 3공 바인더로 장정된 대본과 노란색 형광펜에 대한 꿈이다.

나는 그녀에게 그만둘 수 있다고, 원하지 않는다면 공연할 필요가 없다는 것을 말하고 싶다. 하지만 나는 그것이 나쁜 선례를 남기는 나쁜 조언이라는 것을 안다. 나는 또한 그녀가 무대 위에 있는 것을 좋아하리라는 것을 안다. 때로 최고의 순간은 무대 뒤에서 평소에는 절대 하지 않는 분장을 하고 특별한 방식으로 머리를 손질하며 무대에서 입을 의상을 살펴볼 때인 공연 직전이다. 그런 다음 그 모든 것이 완료되고 무대에 올랐을 때 뜨거운 조명 때문에 땀에 젖지만, 사람들이 나를 바라보는 방식을 통해 그들이 어떻게 느껴야 하며 무엇을 해야 하는지를 볼 수 있기 때문에 일종의 힘이 된다. 나는 늘 그런 것을 좋아했다, 두려움에도 불구하고.

치수

시청 지하철역에서 고등학교가 있는 챔버스 가로 걸어가고 있을 때 젖꼭지가 툭 튀어나와 있다는 것을 알았다. 그날 아침에 목둘레에 작은 리본이 있는 그 흰색 셔츠를 입었을 때는 귀여워 보였다. 하지만 어두운 열차 터널을 나와 바깥에서 내려다보자 유륜[유두 주위의 둥글고 흑갈색인 부분]의 윤곽을 볼 수 있었다.

나는 패딩이 살짝 들어가서 여성의 가슴을 바비인형처럼 매끄러워 보이게 하는 "티셔츠 브라"를 착용하는 것을 무시해왔다. 가슴 앞으로 팔짱을 꼈지만 우리 반과 복도에서 온종일 그런 자세를 유지한다는 게 불가능하리라는 것을 곧 깨달았다. 그래서 나는 잔스포츠 가방을 어깨에서 떨어지도록 끈을 몇 인치 잡아당기면 그 그림자가 젖꼭지를 덮으리라 생각했다. 그런데, 비가 오기 시작했다.

나는 정상적으로 아주 운 좋은 가슴을 가지고 있다. 그것들은 보통 연령에 맞게 적당한 속도로 성장했고, 열두 살 혹은 열세 살이 되자 나는 훌륭하게도 B컵을 착용하게 되었다. 그럼에도 진짜 행운은—첫 브라가 필요했을 때—그것을 얻기 위해 멀리 갈 필요

가 없다는 것이었다. 부모님의 속옷 겸 옷가게는 가망 없이 후지긴 했지만 백화점에서 쇼핑할 때처럼 당황하지 않고 트레이닝 브래지어(AAA 컵)를 구하기 쉬운 장소였다. 어떤 소녀들에게 그것은 어머니와 함께 하는 통과 의례였지만 내게는 그저 엄마의 가게에 있는 또 다른 나날일 뿐이었다. 매니저였던 이모가 지켜보긴 했지만.

미키라는 이름(그녀는 60대였고, 그것은 가게에서 부르는 이름이었다)의 판매원이 가슴을 재는 것을 도와줬다. 아코디언 모양을 한 문을 열어 작고 어두운 탈의실로 데려가더니 흐물흐물한 흰색 줄자를 내 살에 대고 눌렀다. 돌이켜 보면, 그건 단지 쇼였던 게 틀림없었다는 것을 깨닫는다. 왜냐하면 나는 아직 이렇다 할 만한 진짜 가슴을 가지고 있지 않았기 때문이다. 하지만 그녀가 나를 측정했던 형식상의 절차는 고마웠다. 나는 세 개의 브래지어를 얻었다. 흰색 하나, 베이지색 하나, 검은색 하나. 그것들은 골진 면 소재였고 가슴골이 있어야 하는 중앙에는 리본이 달려 있었다.

2년이 안 되어 나는 완연한 C컵을 착용하게 되었다. 그래서 열네 살에, 항상 그랬듯, 그 나이의 몸을 가지게 되었다. 지하철에서 낯선 남자들의 음흉한 시선 이외에는 가슴을 크게 염두에 두지 않았다. 나는 그것을 가지게 된 게 기뻤다. "정상적"이라는 것이 기뻤다. 내가 뭔가를 가지게 된 것이 기뻐서, 마침내, 내 얼굴을 잊게 만들었다! 그래서 중학교를 졸업할 때 나는 내가 생각했던, 적당히 여자다운 몸을 가진 것처럼 보였고 화장술이 나아지면서 친구들 사이에서 "쭈구리"란 명성을 떨칠 수 있게끔 낙천적이 되었다.

스타이브센트 고등학교는 뉴욕 시에서 최고의 공립 고등학교로 여겨진다. 아니면, 최소한 들어가기 가장 어려운 곳이거나. 우리는 트라이베카 강당에 꽉 들어찬 신입생 환영회에서 단순히 존재만으로도 칭찬받는 한 무리의 완벽한 수험생들이었다. 교장 선생님은 우리를 가리키며 "뛰어난 사람은 결국은 드러나게 마련"이라고 말했다. 그 학교에 들어가려면 학생들은 SAT 같은 시험을 치러야 하는데, 그것은 뉴욕에 있는 세 개의 특목고 중 한 곳에, 다행히도, 입학할 자격을 주는 것이었다. 그중에서도 가장 높은 점수를 받아야 스타이로 갔다.

부모님은 내가 초등학생일 때부터 그 시험에 대한 이야기를 시작했다. **스타이브센트에 갈 거지? 그렇지, 제시카?** 아빠는 이모부와 이모, 때로는 서점이나 공원의 낯선 사람들 앞에서도 물어보곤 했다. 아버지는—어렸을 때 무척 똑똑해서 7학년을 건너뛰었다—그 학교에 입학하는 게 꿈이었다. 하지만 열세 살에 차를 훔쳐서 붙잡혔고 상담 교사는 그에게 입학시험에 응시할 자격이 없다고 말했다. 이것은 그의 청년기의 나머지를 형성하는 거짓말이었고, 놓친 기회는 내가 만회할 것이라 기대했다.

부모님이 나를 루스벨트 섬에 있는 초등학교로 전학시키려고 몇 달에 걸쳐 교육제도에 유효하도록 나를 움직인 것과 같은 이유로 나는 시험을 치렀다. 내가 싫어하는 데다 너무 어색하고 서툰 발레 수업에 보냈고 나중에는 들어갈 가능성이 없는 대학까지 방문하도록 했다. 그것은 브롱크스에서 온 친구 하나가 나중에 "망할

교육제도에 대한 지식과 시간을 가진 중산층 부모의 야단법석", 즉 "8학군 치맛바람"이라고 부른 행동이었다. 그것은 주효할 때도 잦았지만 그렇지 않을 때도 많이 있었다. 하지만 어느 쪽이든 그것은 내게 주어진 것보다 늘 더 많이 노력해야 한다는 느낌을 남겼다. 일단 내가 그것을 얻으면 뭘 해야 할지 확신은 없었지만.

아버지와 어머니는 시험이 예정되기도 전에 따로 모아둔 돈으로 나를 몇 달 동안 매주 카플란 과정Kaplan course에 보냈다. 나는 시내 중심가에 있는 강의실로 지하철을 타고 갔다. 그곳에서 실전 모의고사를 치렀고 전략적으로 질문을 건너뛰고 답을 좁히는 법을 배웠으며, 입학할 확률을 높여주는 그 외의 다른 것들도 배웠다. 부모님은 시험 전에 몇 주간은 잠을 자지 말아야 한다고 말했다. 대신 한밤중에 집 주변을 산책하라며. 마침내—낯선 아이들과 중학교에서 온 친구 몇몇에 둘러싸인 채 이스트빌리지에 있는 오래된 스타이브센트 건물의 교실에 앉아 치른—시험이 끝난 그날 저녁 나는 열세 시간을 내리 잤다. 부모님은 내가 들어가리라는 걸 그것으로 알 수 있었다고 말했다.

수학 및 과학 특목고에서 충분히 발육된 가슴을 가진 소녀는 여왕 같은 존재다. 나는 귀여운 소녀들의 촌스러운 친구에서 왕가슴을 가진 촌스러운 친구가 되었다. 데이트를, 그것도 많이 신청받았다. 당구장이나 극장에 가자거나 주말에 점심을 먹자거나 센트럴 파크에서 산책하자는 제대로 된 데이트 신청이었다. 나는 남자친구가 있었다. 그것도 한 명 이상! 나중에는 남자 고등학생들 사

이에서 농담 반 진담 반으로 "진지하게 이야기하자"는 요청이 오곤 했다—그것은 **성기를 빠는 최선의 방법을 협상하자**는 암호였다. 나는 거절했지만, 그럼에도 불구하고 은밀히 기뻤다. 내 나이 또래의 소년들이 다른 어떤 이유에서가 아니라 **내가 좋다며** 꼬시는 것은 아직까지 내게 일어나지 않았던 것이었다.

나는 우리 반에서 더 이상 가장 똑똑한 아이가 아니었다. 내 친구들과 주변의 높은 성취율을 가진 유형에 비하면, 간신히 글을 읽는 정도였다. 수업을 빼먹는 데도 여전히 성적이 좋게 나오는 것은 그들을 짜증 나게 했다. 형편없는 점수를 받았을 때 신경 쓰지 않는 것도 그들을 당혹스럽게 만들었다. 대신 나는 꼭 끼는 상의와 밝은색 립스틱을 바른, 1학년생일 때 처녀성을 잃은 소녀였다. 섹스와 성기 크기에 대한 농담을 너무 많이, 너무 시끄럽게 떠들어댐으로써 절친을 당황하게 만드는 소녀였다. 희곡에서 약강 오보격 [iambic pentameter, 강세를 받지 않는 음절 다음에 바로 강세를 받는 음절이 오는 것을 '약강'이라 하고, 이런 약강 음절이 시 한 줄에 연속적으로 다섯 번 나타날 때 '오보격'이라고 한다. 셰익스피어의 연극 대사들과 제프리 초서의 『캔터베리 이야기』가 대표적이다]으로 쓰인 첫 줄을 찾으라는 과제를 받았을 때, "그래서/그가/[오르가슴에] 오기까지/얼마나/걸렸을까 [원문은 So how / long did / it take / for him / to come이다]"로 읽히는 페이지를 제출한 소녀였던 것이다.

좋아하는 과목은 95점대를 받고 싫어하는 과목은 65점대를 받자, 상담지도 교사는 낮은 성취율 때문에 내가 웨스팅하우스 과

학상 우승자Westinghouse science award winners나 내셔널 메릿 장학생 [National Merit Scholars, 미국 고교 장학생]으로 가득 찬 학교의 골칫덩 어리로 여겨지도록 만든다고 했다. 그냥저냥 점수를 받은 학생들 은 아이비리그에 들어감으로써 학교의 등급을 올려줄 수 있는 "진 짜 학생들"에 비해 노골적으로 무시당했다. 내 상담교사이자 체육 선생님은 나와 한 번의 면담을 통해 지역 전문대학에 가는 것을 권 장했고, 두 번 다시 내게 이야기를 걸지 않았다.

나는 대학에 대해 생각하지 않으려 했고 졸업 연도에 바하마 로 여행 가는 것으로 끝내고 싶었다. 일주일간의 휴가는 학교 측 의 허가에 의해서가 아니라 학생회 "간부들"이 힘을 합쳐 이루어 냈다. 부모들이 십 대 자녀들을 봄방학 동안 해변에 보내도 안전 하다고 생각할 정도로 공식적으로 들리게 한 것이었다. 우리는 열 일곱에서 열여덟 살이었지만 호텔 카지노에서 아마레토 칵테일 [Amaretto Sours, 아마레토에 레몬, 혹은 라임 주스를 혼합한 달콤한 음료]을 공짜로 마실 수 있었으며, 나중에는 미성년자가 표시된 팔찌를 부 착해야 하는 클럽에 버스를 타고 가기도 했다. 그들은 어쨌든 우리 의 시중을 들었다.

첫날 밤, 친구들과 나는 커다란 빨대와 함께 플라스틱 컵에 제 공되는 녹색의 "수류탄" 칵테일에 도전했고, 티셔츠 적시기 놀이 [wet t-shirt contest, 셔츠를 입은 채 몸에 물을 뿌려 가장 섹시한 여성을 뽑는 놀이로, 셔츠 위로 가슴은 물론 젖꼭지가 그대로 드러난다]를 하기로 결정 했다. 우리는 클럽의 로고가 새겨진 흰색 셔츠를 입고 누군가 물을

한 바가지 쏟아줄 거라 믿으면서, 킥킥 웃으며 무대 옆에 줄을 섰다. 무대에 이르렀을 때, 그런데, 우리 셋은 다른 여자들—대학생들과 성인 여성들—이 옷을 벗기 시작하는 것을 지켜보았다. 그것도 몽땅 다. 음악이 너무 시끄러워서 그들이 옷을 벗으면서 하는 말은 들리지 않았다. 게다가 관객들로부터 들려오는 남자들의 비명에 파묻혀 음악 소리도 거의 들리지 않았다. 그 여성들이 춤을 더 격렬하게 출수록 관객들은 무대로 더욱 가까이 다가왔고, 누군가는 그들이 걸을 때 발목을 붙잡으려고 손을 뻗었다. 물은 없었다.

무대로 이어지는 계단에서 우리는 우리 차례가 왔을 때 뭘 해야 하는지 물으면서 서로에게 속삭였다. 우리 뒤에 있던 기도가 팔에 우리의 진짜 셔츠를 한 무더기 두르고 있었다. 우리는 결국 순간적으로 재빨리 하기로 정했고, 웃으면서 그렇게 마쳤다. 그리고 서둘러 무대에서 퇴장했다.

나중에, 댄스플로어에서 50대의 키 작은 남자가 웃으면서 내게 걸어오더니 고개를 가까이 숙였다. **니가 이겼어야 했는데.** 그가 말했다. 나는 고맙다고 했다.

여행하는 동안 나는 조라는 이름의 남자애가 나를 좋아한다는 것을 알았다. 나는 해당 과정 동안 클럽의 댄스플로어에서 그와 놀다가 나중에는 그의 호텔 방에서 놀았다. 그에게 해주는 수음은 너무 오래 걸려서 빨리 해치워 버리려고 대신 입으로 했다. 남은 여행 기간 동안 나는 그에 대한 생각을 별로 하지 않았다. 집에 가려는 공항 대합실의 군중들 앞에서 그가 나에게 더 이상 다른 누군가

의 거시기를 빨 수 없을 거라며 소리 지르고 떠나기 전까지는. 나는 술이 덜 깬 상태였고 몇 주 뒤 사과했다. 무슨 이유 때문이었는지는 확실하지 않다. 다만 그가 왜 그랬는지에 대해 혼란스럽기만 했다.

졸업하기 전에 친한 남자애들—너무 웃긴 데다 인간적이라 내가 좋아하고 숭배했던 한 무리의 녀석들—이 나를 부르는 애칭을 가지고 있다고 발설했다. 발렌티티[Valentitty, Tom을 Tommy로, John을 Johnny로 부르는 식의 애칭. 상대방이 허락한 경우를 제외하고 친하지 않은 사이에 부르는 것은 실례다]가 그것이었다. 남들이 뭐라 하든 별 신경 쓰지 않는 멋진 여성 친구가 되고 싶을 때 하는 것처럼, 그들이 애칭을 말했을 때 나는 웃어넘겼다. 남들처럼 융통성 없이 깐깐한 소녀가 되고 싶지 않았던 것이다.

*****

제시카 발렌티 가슴.

2006년에 내 이름을 구글에서 검색하면 "연관 검색어" 중 하나로 이 말이 떠올랐다.

제시카 발렌티를 검색하고 있다면, 그녀의 젖가슴을 찾는 건지도 몰라요!

이 알고리즘적인 당혹스러움은 당시 다른 블로거들과 함께 빌 클린턴 대통령과 단체사진을 찍는 20초 동안의 긴 상호작용의 결과이다. 곧바로, 한 법학 교수이자 블로거가 내가 부적절한 옷을

입고 도발적인 포즈를 취했다며, 게다가 "베레모를 착용했어야 했는데"라며 온라인상에 사진을 게시했다.

"푸른색 드레스를 입었어도 좋았을 것"이라고 그녀는 썼다.

유튜브에서 폭언하는 것으로 유명한 이 여성은 추종자들이 도발적인 언사를 게재하면 그것을 격려했다. 한 명은 내가 전직 대통령에게 구강성교를 하는 것에 대한 5행시를 썼다. 또 다른 이는 모니카 르윈스키와 비교하기에는 내가 너무 밋밋하다고도 썼다. 나는 가쁜 숨을 쉬며 웃는 남자의 전화를 받기도 했다.

곧바로 수백 명의 블로거들이 내가 완벽하게 악의 없는 것이라고 생각했던 사진에 대한 분석에 들어갔다. 내 자세가 젖가슴을 내밀려는 것을 암시하는지, 고의로 딱 달라붙는 스웨터를 입은 것인지에 대한 논쟁이 붙었다. 한 팟캐스트는 내가 그런 모임에 초대받을 정도로 중요한 사람이 아니라고 하면서 클린턴과의 정사를 유도하려고 거기에 갔던 게 틀림없다는 논리를 제시하기도 했다.

주류 매체는 재빠르게 움직였다. 정치적 비디오 쇼인 '블로깅헤즈Bloggingheads'는—나중에 「뉴욕타임스」에서 운영하게 되었는데—그 사건의 일화에 몰두했다. 그 시리즈의 설립자인 밥 라이트Bob Wright는 나를 "유명한 가슴을 가진 여자"라고 부르고 있었다. 「폴리티코」[Politico, 미국의 정치전문 일간신문]의 한 젊은 기자 역시 그 이야기를 다루면서 내가 헤픈 여자라는 것을 다각도로 설명하기 위해 앞서 언급했던 법학 교수를 초청했다. 그는 그 사건을 이른바 "혼쭐"이라고 부르며, 몇 달에 걸친 괴롭힘 운동에 대해 상

세히 설명했다.

페미니스팅닷컴feministing.com을 운영하는 블로거 제시카 발렌티는 의도적이든 아니든 그녀의 가슴에 사진의 초점이 맞춰지도록 등을 약간 돌린 각도로 서 있었다. 발렌티는 자기 몸에 대해 부끄러워하지 않는다. 그녀는 『전라裸의 페미니즘: 왜 페미니즘이 중요한가에 대한 젊은 여성을 위한 가이드Full Frontal Feminism: A Young Woman's Guide to Why Feminism Matters』라는 책을 이제 막 출간했다.

기억하기 쉬운 제목으로 책을 출간한 것이 내 몸을 부끄러워하지 않는다는 것을 의미했다. 내가 그를 된통 혼냈을 때(페미니스팅 게시물의 제목: "폴리티코는 두 마디면 충분하다—좆. 까.") 기자와 「폴리티코」는 그 주제를 실시간 채팅으로 올리면서 그들의 주장을 계속 밀고 나갔다. 한 구독자는 그에게 그 이야기를 게시하기 전에 왜 나에게 말하지 않았냐고 물었다.

내 조사는 알트하우스[Althouse, 앞서 말한 대학 교수가 운영하는 블로그 이름]와 발렌티 버전으로 발생한 일로 구성되어 있다. 나는 알트하우스와 이야기했고, 발렌티에게 그 일에 관해 이야기를 나누자고 이메일을 보냈다. 그런데 그녀는 이메일을 받지 못했다고 말했다. 나는 보낸 편지함에서 메일을 찾을 수 없었다. 뭔가 오작동한 게 틀림없다.

"오작동."

우리는 알트하우스와 발렌티 간의 논쟁에 뛰어들 수도 있다: 발렌티가 자기 홍보를 위해 성적인 것을 이용하는 걸까? 만약 그렇더라도 뭔 상관인가? 그녀가 그렇게 하는데도 아무도 관심을 가지지 않는다면, 왜

그렇다고 말을 하지 않는가.

밈[memes, 영국의 저명한 진화생물학자 리처드 도킨스가 1976년에 펴낸 『이기적 유전자』라는 책에서 등장한 말로, 유전적 방법이 아닌 모방을 통해 습득되는 문화요소라는 뜻]이 아직은 크게 대단하지 않은 게 감사할 따름이다. 진실은 이렇다: 나는 사진이 잘 나왔다. 내 가슴은 괜찮았다. 하지만 나 또한 존재하는 사진에서 가슴의 존재는 어쩔 수 없다. 나는 당신들이 가슴에 대해 뭐라고 생각하든 어쩔 수 없다.

댓글들을 하나하나 읽고, 블로그 게시물들을 하나하나 훑어보면서 나는 부모님 집의 거실에서 울고 말았다. 퀸즈에서 계속 살면서 거의 그곳을 거의 떠나본 적이 없는 어머니는 위스콘신에 비행기를 타고 가서 그 블로거를 찾아가 항의할 것을 고려하고 있었다. 어머니는 쓸데없는 말을 하지 않는 사람이다. 아버지는 나중에 그녀가 실제로 항공편을 알아봤다고 말했다.

몇 주 전, 부모님에게 클린턴 대통령과의 모임에 초대받았다고 말했을 때 그들은 눈물을 흘리기 시작했다. 그들은 가족과 친구, 가게에 오는 사람들 누구에게나 마구잡이로 말했다. 단체사진이 구강섹스와 인턴에 대한 농담이 되기 전에, 그들은 그것을 현금등록기 뒤에 붙여놨었다.

나도 자랑스럽게 생각했지만, 실제 모임에서는 아무런 말도 하지 않았다. 바보 같은 소리로 들릴까 봐 두려웠던 것이다. 나는 접견실에서 나이가 가장 어렸고, 거기에 있을 자격이 없다는 것을 알고 있었다. 사진을 둘러싼 "혼쭐"이 그것을 확인시켜 주고 있다.

블로그를 시작하기 직전, 5회째를 맞이한 고등학교 동창회에 갔다. 졸업한 이래 만나지 못했던 친구들을 보러 그 시점에 집으로 가는 게 설레었다. 친구들에게 나는 "재미있는" "인물"이었다.

파티장에 들어가려고 줄 서 있는 동안 나는 우리 일행 주변에서 한 친구와 마주쳤다. 키가 큰 반듯한 녀석으로 그의 엄마가 브루클린 하이츠[Brooklyn Heights, 이스트 강변을 따라 맨해튼을 마주 보고 있는 곳으로 부촌으로 유명하다]의 두 세대용 주택에서 깜짝 졸업파티를 열기 전까지 우리는 그가 어마어마하게 부유하다는 것을 몰랐다. 우리는 앞쪽으로 이동하면서 파티장에 가까이 가려고 애썼다. 그는 내게 하버드에 대해 말했고, 내가 대학원에 다닌다고 언급하며 전공을 이야기하자 그는 웃었다. **너한테서 가장 듣고 싶지 않은 말이야.** 나는 취했고 그를 집으로 데려갔다.

지하철

지하철에서 성기와 관련되는 최악의 상황이 두 가지 있다. 열차 칸이 비어있거나 혼잡할 때이다. 십 대 때 나는 열차가 움직일 때 칸을 이동하는 게 무서운데도 불구하고 빈칸에 있다는 것을 알게 되면 즉시 자리를 떴다. 내가 그렇게 하지 않는다면 맞은편에 앉아있는 사내가 아니나 다를까 신문을 들어 올려 적당히 딱딱해진 성기를 드러낼 것이고, 설령 그가 그것을 계획하고 있지 않다 하더라도 나는 물론 거기에 앉지 않을 것이며 타고 가는 내내 그것에 대해 걱정한다는 것을 알고 있기 때문이었다.

붐비는 열차 칸에서는 성기를 보지 못했다. 다만 느끼기만 했을 뿐. 남자들은 내 엉덩이에 대고 누르면서 단지 열차가 혼잡하기 때문에 나에게 부딪히는 것처럼 가장했다. 그렇지만 그 리듬이 완전히 다르다는 것을 우리는 안다.

최악의 날은 8학년 때였는데, 나는 전혀 알아채지 못했었다. 열차는 붐볐으나 정신이 딴 데 가 있었다. 나는 워크맨으로 트라이브 콜드 퀘스트[A Tribe Called Quest, 힙합 그룹]를 들으며 완전 "짱"이

라고 생각하고 있었다. 지하철에서 나와 39번가 승강장으로 쪽으로 가는 길에 햇빛이 얼굴에 내리쬐었고 집에 거의 다 왔다는 생각에 기뻤다. 그런데 뒷주머니에 손을 집어넣자 뭔가 끈적한 것이 느껴졌다. 타고 오는 내내 얼굴도 전혀 보지 못한 한 남자가 나한테 한 짓을 알아채지 못했던 것이었다. 나는 청바지 종아리 부분에 손을 닦으면서 누가 있는지 보려고 주위를 둘러보았다. 내 뒤에서 걷는 사람이 무슨 일이 벌어졌는지 볼 수 없도록, 혹은 내가 오줌을 쌌다고 생각할까 봐 가방을 가능한 한 낮게 맨 채 세 블록을 걸어 집에 갔다.

집에 도착해서 청바지를 벗어 던졌다. 비록 정액 대부분이—보호막이 한 개만이 아니라 두 개인—바지 주머니에 들러붙어 있었지만 엉덩이의 살갗은 여전히 축축한 상태였다. 나는 욕조로 달려가서 델 정도로 뜨거운 물을 바닥에서부터 5센티미터 정도 받고는 동생의 빅토리아 시크릿의 바닐라 향이 나는 입욕제를 뿌렸다. 그리고는 셔츠를 입은 채 그 안에 재빨리 앉았다.

욕조에서 나올 때 분홍색 수건을 둘렀고, 어머니가 발견하지 못하도록 세탁 바구니에 넣기 전에 바지를 뒤집었다. 그녀가 울 것이라는 것을 알고 있었다. 그녀에게 벌어졌던 일이 비슷한 방식으로 내게도 벌어진다는 게 그녀의 최악의 악몽이라는 것을 나는 알고 있었다. 나는 안전하게끔 청바지 위에 시트를 몇 장 포개었다.

나중에 나는 지하철에서 몸을 문질러대던 사내가 단지 변태만은 아니라는 것을 알았다. "당신의 바지에 정액을 쌀 때까지 N

선[N train, 뉴욕의 지하철 노선 중 하나]에서 당신에게 흔들어대는" 변태 쓰레기만을 뜻한다기보다는 "장애"를 가지고 있다는 것이었다.

『정신질환 진단 및 통계 편람』에서 미국 정신의학회는 "마찰성욕도착증frotteurism"을 "재발되고, 극심하며, 성적 충동이나 환상을 불러일으키는 것으로, 동의하지 않는 사람에게 문지르거나 접촉하는 것이 포함된"다고 서술한다. 여성들이나 소녀들이 알아채지 못하는 동안 열차나 술집 등 할 수 있는 곳이라면 어디서든 문지르는 남성들을 위한—왜냐하면, 현실적으로, 마찰성욕도착증 환자들은 거의 오직 남자들이기 때문에—온라인 포럼이 있다.

그들은 "Bum Feeler"와 "Rock Hard"[각기 '엉덩이 더듬기', '발기'라는 뜻. 여기서는 성적으로 노골적인 온라인 사용자 이름으로도 인용되었다] 같은 것들을 다루면서, 옷을 입은 상태에서 몰래 사정해왔던 여성들의 사진들과 위업에 관한 이야기를 공유한다. 어떤 남자들은 여성들을 건드리지 않도록 열심히 애쓰고 있다는 인상을 희생자가 갖도록 가끔은 뒤로 물러서라는 식의 조언을 한다. 그래야 어떤 접촉이든 인파의 잘못으로 돌릴 수 있다는 것이다.

"당신이 그렇게 보이도록 해낼 수 있으면 여성들은 용서한다"고 록 하드는 쓴다. "한 점의 살코기처럼 그들을 먹이로 했다는 것이 아니라, 당신도 거의 어쩔 수 없다는 식으로."

*****

나는 고등학교 때 여자친구들에게 내 머릿속에는 남자들에게 만 보이는 어떤 신호를 가지고 있는 게 틀림없다고 농담을 하곤 했 다. **네, 나리, 당신의 성기를 보고 싶어 죽겠어요**라고 반짝이는. 지금 까지 본 첫 성기는 집에서 세 블록 떨어진 39번가에 있는 N선 승 강장에서였다.

중학교로 가는 열차를 막 놓쳤기 때문에 나는 승강장 끝에 내 내 서 있던 한 남자를 제외하고는 유일한 사람이었다. 그는 너무 멀 리 떨어져 있어서 형체만 대략적으로 보일 뿐이었다. 그런데 곧바 로 그의 손이 격렬하게 움직이는 것을 알아챘다. 게다가 손에 성기 를 쥐고 나를 향해 빠르게 걸어오고 있었다. 나는 늘 이런 일에 준 비되어 있다고 생각했지만, 소리를 지르거나 뛰어야 한다는 것을 알고 있지만, 그 자리에 우두커니 서 있을 뿐이었다. 나는 눈길을 돌리거나 몸을 돌려세우지 않았다. 더욱이 무릎에서 힘이 빠지면 서 발은 단단하게 땅에 자리 잡고 있다는 것을 느꼈다.

또 다른 열차가 역에 들어오기 시작했다. 그는 승강장 중간에 멈추더니 지퍼를 올렸다. 열차의 문이 열리고 그는 걸어 들어갔다, 아무 일도 없다는 듯. 내 발은 여전히 같은 곳에 있었다. 나는 열차 에서 나오는 양복 입은 남자의 어깨를 톡톡 치며 작은 목소리로 도 움을 요청했지만 그는 걸음을 멈추지 않았다. 나는 막연히 거기에 서 있었다. 다음 열차가 왔을 때, 학교에 가야 한다는 것이 생각나 서 열차에 올라탔다. 하지만 이상 호흡에서 오는 얼굴과 손의 불안 증상을 주목하고는 역에 설치된 전화 부스에서 부모님께 전화를

걸기 위해 한 정거장 지난 퀸즈플라자에서 내렸다.

그 일이 있고 나서 매일, 아버지는 나와 함께 열차를 기다리기 위해 승강장 계단 위로 올라갔다. 아버지가 무슨 일이 벌어졌었는지 설명하자 역무원은 돈을 지불하지 않고 문을 통과하도록 해 주었다. 아버지는 그에게 몇 달 동안 매주 감사의 의미로 우리 집 뜰에서 자란 체리를 한 봉지씩 건넸다.

햇빛을 받으며 승강장에서 이야기를 나눌 때, 나는 아버지의 재킷 아래에서 이상한 모양의 것을 발견했다. 그는 농담으로 주의를 딴 데로 돌리려 했지만 다시금 물어보자 셔츠를 올리더니 바지 허리춤에 튀어나온 금속으로 된 몽둥이를 보여줬다. 아이들에게 성기를 내보이는 남자를 때리기 위한 것이라고 하면 어떤 경찰도 체포하지 못할 거라며 나를 안심시켰다. 이제 그는 그것이 거짓말이었다는 것을 알고 있었다고 내게 말한다. 하지만 어쨌든 그 몽둥이를 가지고 다녔다.

나는 지하철에서 열두 살짜리 소녀에게 남자들이 하는 말과 같은 것을 듣지 않으려고 헤드폰에 투자했다. 그런데 그들이 내게 던지는 눈길과 조용히 입 모양으로 어떤 단어를 말하는 방식만 볼 수 있게 되자 전에 하지 않았던 방식으로 위협하는 것처럼 보였다. 양복 정장을 입은—지하철 손잡이를 잡고 있을 때 잘 손질된 손톱에 눈길이 갔던—한 남자는 한쪽 귀에 있는 헤드폰을 들어 올리더니 내 귓속에 그의 숨소리가 느껴질 정도로 가까이 대고 부드럽게 말했다. **젖통 간수 잘해.** 그는 헤드폰을 탁-하고 내 머리 위에 돌

려놓으며 열차에서 내렸다.

나는 학교에 통학하는 길에 주기적으로 성기들을 보기 시작했다. 그것들은 신문지 뒤에서 거의 지퍼가 풀린 청바지에 집어넣어져 있거나 운동복 바지의 허리춤에서 귀두를 엿보이고 있었다. 그래서 나는 지하철에 있는 모든 남자가 내게 자신의 성기를 보여주려 한다고 추측하기 시작한 것이었다. 내 옆에 앉은 남자가 손을 바지 근처에서 문지를 때나 혹은 그런 종류의 분위기가 감지되면 일어나 좌석을 옮기거나 그에게 소리 지를 준비가 되어 있을 정도로 나는 경직되었다. 현재까지도, 비행기나 열차에 타거나, 혹은 택시에서조차, 남자가 손을 넓적다리 위에 올려놓으면 나는 완전히 과민해져서 다음 차량을 기다리게 된다.

다른 작은 도시들을 방문했을 때, 우드스톡 북부에 갔을 때도, 그런 일이 거의 일어나지 않는다는 것에 충격을 받았다. 차에서 소리치거나 거리에서 내 뒤에 바짝 붙어 걸어오는 사람은 아무도 없었다. 너무 조용한 게 오히려 이상한 느낌이었다.

나이가 들수록 그런 일이 덜 발생했다. 열여덟 살이 됐을 무렵에는 지하철에서 일 년에 한두 번 성기를 볼 수 있을 뿐이었다. 그해 여름, 대학 신입생에서 2학년이 되는 사이에, 나는 「조지」[George, 지금은 폐간된 월간지 이름. 주로 정치적 주제를 담았다]에서 일하는 이모부의 친구 덕에 맨해튼에 있는 영화잡지사에 인턴 자리를 얻었다. 나는 어머니와 함께 메이시스 백화점에 가서 감청색의 바지와 그에 어울리는 푸른색 셔츠를 골랐다.

근무 첫날 아침, 새로운 옷과 물집을 생기게 하는 낮은 굽의 검정 구두를 신고 평소대로 역으로 가는 길을 걷고 있었다. 열차 승강장으로 이어지는 계단에서 얼마 떨어지지 않은 곳에 차가 한 대 서더니 한 남자가 창문을 열고 노던블러바드Northern Boulevard가 어디 있는지 아냐고 외쳤다. 나는 발걸음을 멈추지 않으려 거의 쳐다보지도 않은 채 2블록 앞쪽을 가리켰다. **미안한데,** 그가 말했다. **무슨 말인지 모르겠어요. 어디에 있다고요?**

나는 그의 차에 가까이 가려고 도로 연석을 내려왔다. 그가 가야 할 곳이 어디인지 다시 가리키기 전에, 나는 그의 성기가 밖으로 나와 있는 것을 보았다. 게다가 그는 대부분의 남자들이 하듯 그것을 문지르는 게 아니라 정말로 흔들어대고 있었다. 나는 화가 나서 다시 보도로 돌아가려고 오른쪽으로 휙 돌아서려 했다. 그런데 차에 있던 남자가 내 팔꿈치를 붙잡더니 창문 쪽으로 나를 끌어당기기 시작했다. 왼손으로 흐물흐물한 성기를 여전히 흔드는 동안 그의 오른손은 내 목 가까이에서 어깨를 잡으려고 움직였다. 그는 더더욱 나를 잡아당기려 했고, 이제 내 팔 전체와 어깨가 창문을 통해 그의 차 안에 들어갔다. 나는 다른 한 손으로 그의 머리 위를 밀쳐냈다.

부모님은 일하고 있었다. 그래서 나는 직장에 가는 대신 옆집에 사는 이모네로 걸어갔다. 이모는 **진정될 거**라며 즉시 버번을 한잔 주었다. 나는 도로 연석에서 내려올 정도로 어리석었다며 울었고 이모는 **그래, 맞아**라고 말했다. 이모네 집에 와 있던 사촌은 **엄마, 기분 더 상하게 만들지 마**라고 했지만 그녀는 그렇게 해야 내가

　　　　　　　　　　　　　　　　　　　지하철

다음번에는 절대 다시 그러지 말아야 한다는 것을 기억할 거라 말했다. 그리고 다시는 그러지 않았다.

경찰이 왔고, 나는 그 차를 찾는 것을 도와주려고 순찰차 뒷좌석에 탔다. 돌이켜 생각해 보면 그것은 그저 내 기분을 조금 좋게 만들고 그들이 유용하다고 느끼도록 만들려는 어리석은 헛고생이었다. 나는 차의 문이 두 개였는지 네 개였는지, 흰색이었는지 크림색이었는지도 기억하지 못했다. 나는 그들에게 열차 밑의 왼쪽에 있었던 것 같다고(퀸즈에서 올라왔으니까) 말했지만 그들은 내게 오른쪽에만 있을 수 있다고 지적했다. 내가 숨 쉴 때 그들이 버번 냄새를 맡으면 어쩌나, 아무것도 기억할 수 없어 대충 둘러대는 술 취한 십 대로 생각하면 어쩌나 두려웠다. 하지만 그들은 내가 말한 것을 받아 적었고, 시간이 있을 때 가야 할 주소를 주었다.

며칠 후 경찰서에서 형사에게 이야기했다. 그는 차 안에 있던 남자를 "얼간이"라 불렀고 범인 식별용 얼굴 사진이 실린 다섯 개의 커다란 서류철을 가져와서 책상에 놓았다. 서류철 위의 라벨에는 "히스패닉HISPANIC"이라고 써 있었다. 내가 그의 인종을 확신할 수 없다고 말했음에도 불구하고.

그들에게 사진을 조금만 줄 수 없냐고 물었더니, 그것이 우리 구역에서 성범죄와 관련돼 체포된 적 있는 모든 히스패닉계 남자들의 사진이라고 했다. 다섯 묶음이었다. 무거웠다.

나와 몇 블록 떨어지지 않은 곳에 사는 성범죄로 체포된 적 있는 남자들의 사진을 만지작거리며 나는 누구도 알아보지 못한 채

서류철을 휙휙 훑어보며 몇 시간을 보냈다. 젊은 남자, 나이든 남자, 노인. 형사에게 나를 잡아당긴 남자를 찾을 수 있을 거라 생각하냐고 물었을 때 그는 맞은편에 있는 지저분한 책상에서 나를 쳐다보더니 머리를 흔들었다. **아니, 얘야, 절대 못 찾을 거야.**

*****

뭔가 끔찍한 것을 말하기 직전 남자들의 얼굴에는 어떤 표정이 있다. 아니면 어떤 소리를 내거나, 당신이 있는 방향으로 휘파람을 분다.

열네 살이 되자 나는 반 블록쯤 떨어진 곳에서도 알아챌 수 있었다. 같은 방식으로 나는 신발만 보고도 관광객인지 혹은 지금 막 헤로인을 흡입한 사람인지 구분할 수 있었으며, 어떤 남자가 거리에서 개자식이 되리라는 것을 예측할 수 있었다. 음울한 뉴욕 시의 육감이라고나 할까.

길을 가로질러갈 때 몇 발자국 떼기도 전에 당신이 아는 무언가를 말하거나 어떤 행동을 하려는 남자를 보면 아래를 내려다보거나 머리를 돌려 길 건너편을 쳐다보거나 혹은 이어폰을 꽂아야 하는 순간이다. 그들이 무슨 짓을 하건 보지 않을 거라는 신호를 보내는 것처럼. 당신은 그들을 볼 수 없게 되는 것이다.

물론 그들은 어떻게든 그것을 한다. 그리고 당신은 그것을 보거나 듣는다.

당신이 생각하는 것만큼 나쁘지 않을 때도 않다. **안녕, 이쁜아** 이거나 간단한 인사일 때도 있다. 그러나 대개는 음탕하게 숨을 들이쉬거나 잡소리를 낸다. 혹은 당신이 걸어갈 때 가슴을 응시하면서 능글맞게 히죽대기만 할 수도 있다. 한번은 한 남자가 내게 가까이 와서 내 귀에다 **널 먹고 싶어**라고 말한 적이 있다. 내용이 무엇이든 간에 메시지는 분명하다. 우리는 여기에 그들의 즐김만을 위해 있다는 것이다. 우리의 불편함이 누군가를 발기하게 만든다는 것을 알면서도 우리는 남아 있는 나날을 걸어야만 한다.

우리는 움직일 수 없는 거대한 육체 사이에 갇혀 있다. 너무 두려워서 소리를 지르거나 우리를 주목하게 할 수도 없다. 열차에서, 군중 속에서, 거리에서, 교실에서 우리는 갇혀 있다. 만약 우리 육체에 대한 반응을 피할 수 있는 곳이 아무데도 없다면, 강제되지 **않는** 그곳은 어디인가? 이러한 범죄들이 피할 수 있는 것이라는 생각은 자기력magnetic force을 가지고 특정한 종류의 관심을 끌어당기는 육체 속에서 사는 것이 무엇을 의미하는지 이해하지 못하는 남자들의 맹목적인 낙관론이다. 그것은 낯선 사람이 미소 지으면서 자위하는 것을 보는 것처럼 느끼거나 여성과 거래하는 대가라는 것을 알고 있다는 것이다. 공적인 공간이라는 것은 진짜로 당신을 위해 공적인 것이 아니라, 당신이 예방하거나 지워버릴 수 없는 놀라운 사적인 순간들의 연속인 것이다.

그래서 당신은 헤드폰을 쓴 채 똑바로 앞을 보고 그들이 당신에게 말할 때조차 미소를 짓지 않고 계속 걸어가야만 한다.

1995

11학년 때 나는 몇 주간 한 과목을 빼먹었다. 하지만 선생님은 그럼에도 나를 통과시켜 줄 수 있다고 말했다. 그를 안아주기만 하면 된다는 것이었다.

처음에 나는 Z 선생님의 수업을 듣게 되어 흥분되었다. 그는 점수를 잘 주기로 유명했으며 아재개그 식의 농담을 하는 부류였다. 우리 짐작으로 그는 의안義眼이었고, 말할 때 입에 침이 고여 곤욕을 치렀으며, 걷는 데에도 문제가 있었다. 그가 가르치는 것과 같은 종류의 과목들은 보통 6층에서 열렸지만 관리자들은 그가 보이지 않도록 10층에서 수업을 하게 했다.

수업 첫째 날, Z 선생님은 "중요한 사람처럼 보이는" 누군가가 수업을 참관하러 오면 그가 물어보는 어떤 질문이든 손을 들어야 한다고 말했다.

답을 모르면 오른손을 올리고 답을 알면 왼손을 올려라. 왼손을 올리는 사람에게만 시킬 테니까.

우리 모두는 서로 쳐다보면서 히죽히죽 웃었다. 스타이브센

트 고등학교에서 사회적으로 통용되는 것은 좋은 점수를 받을만한 자격이 없더라도 그것을 얻기 위한 능력과 야심이지 "쿨한" 게 아니었다. 미적분과 과학 AP[Advanced Placement의 약자. 대학 과목 선이수제]에서 과부하에 걸린 학생들을 위해 필요한 것은 문제를 쉽게 내는 교사였다.(나는 그런 학생들 중 한 명이 아니었다.) Z 선생님은 '브레이브 하트'와 같은 영화들을 보여줄 정도로 산 교육을 하는 분이 아니었다. 그런데 어느 날 실제적인 수업을 했다. 학생들에게 거의 시킨 적이 없었는데, 나를 불러낸 것이었다. **칠판 앞으로 나와, 제시카.** 그는 입꼬리에 흰 게거품이 살짝 고인 채 웃었다. **우리 모두는 니 셔츠를 더 자세히 살펴보고 싶구나.**

그는 웃었지만, 반 아이들은 침묵했다. 나는 실제로 셔츠가 아니라 당시 유행하던 갈색의 바디슈트[Body Suit, 몸판과 아주 짧은 반바지가 연결된 형태]를 입고 있었다. 그 옷은 가랑이 부분이 똑딱단추로 되어 있었고, 나는 그것을 엉덩이 위에 재단선이 충분히 보일 정도로 헐렁한 청바지와 같이 입었다. 책상들 옆을 미끄러지듯 통과하면서 양쪽 팔로 가슴에 팔짱을 꼈던 것을 기억한다. 칠판에 쓴 것은 기억나지 않는다. 나는 다시는 그 수업에 들어가지 않았다.

스타이브센트에서 신입생 생활을 시작했을 때, 나는 내 귀엽고 똑똑한 여자친구들과 똑같은 가문의 적극적인 노력 없이 중학교에서 가장 똑똑한 아이 중 한 명이라는 명목상의 훌륭한 학생으로 간 것이었다. 그들의 부모는 대학을 나왔고 심지어 대학원도 나왔다. 그들은 장서와 그림, 술로 가득 찬 장식장으로 채워진 어퍼웨

스트사이드[Upper West Side, 맨해튼의 한 지역으로 부자 동네로 유명하다]
나 파크슬로프[Park Slope, 브루클린 시내와 가까운 곳으로 뉴욕에서 아파트
한 달 임대료가 가장 비싼 지역 중 하나로 알려져 있다]의 아파트에서 살았
다. 한 친구는 공원 옆에 적갈색 사암으로 지은 4층짜리 건물 전 층
을 "방"으로 가지고 있었다. 나는 엄마가 일주일에 한두 번은 사용
한 콘돔을 씻기 위해 노란 고무장갑을 끼고 밖으로 나가는 집에 살
았다. 길가에는 매춘부를 태운 채 주차한 남자들이 산재해 있었다.

가장 친한 여자친구 중 하나는 비정기적으로 연기 활동을 할
때 프로다운 얼굴을 뽐내는 유연한 춤꾼이었다. 그녀는 앵글로색
슨계-스럽게 예뻤다. 나는 엉덩이를 때리고 싶은 유형이 아니라 꿈
꾸는 듯한 눈에 반하도록 유발하는 아름다운 유형이 간절하게 되고
싶었다. 그녀는 나선형 계단이 있는 복층 아파트에 살았다. 신입생
이었던 우리는 바로 위의 11학년 남학생들과 어울렸다. 한번은 그
녀가 취해서 화장실에서 벌거벗은 채 토하는 동안 남자친구가 섹
스를 했다고 말했다. 우리 집에 처음 왔을 때 그녀는 내게 우리 엄
마의 "교육을 못 받은" 억양이 무척 좋다고 언급했다. 귀여워! 그녀
는 냉장고에서 음료수를 가져다 마시며 미소 지었다.

Z 선생님의 칠판 앞으로 불려간 그 해인 1995년에 스타이브
센트는 수업 중에 자위와 성적 환상을 묘사했다는 이유로 영어 선
생님을 조사하기 시작했다. 그는 자기 아내의 얼굴을 한 소녀를 강
간하는 꿈을 가진 것에 관해 이야기했다. 또 다른 학생은 그가 그
녀에게 "병을 돌려서 키스하는 게임"을 하자고 요청했으며 나중에

에세이를 쓰러 밖으로 나가게 했다고 말했다. 그녀가 "예쁘기" 때문이라는 게 이유였다. 그는 몇 달 동안 정직당했고 4년 뒤에—교감으로 바뀐 뒤에 신입생들에게 자기 몸을 노출하고 애무한 혐의로 체포되어—또다시 정직당했다. 첫 번째 때 학교에서의 거짓 분노는 신문기사가 분노하는 동안만 지속되었다. 우리는 총학생회에서 그 주제를 간단하게 다뤘고, 다음 주제로 넘어갔다.

내가 좋아하는 프랑스어 선생님 또한 고소당했다. 그는 말쑥했고 정장 차림으로 수업을 했는데 나와 내 친구들에게 어떤 종류의 포도주를 좋아하는지 물었다. 그에게 명확히 어떤 혐의 사항이 있는지는 몰랐지만, 친구들과 나는 그들이 완전히 개자식들이라는 것을 당시 강하게 느꼈다. 그는 누구도 괴롭힐 **필요**가 없었다.

어느 날 그 선생님이 내 곁에서 걷고 있었고 친구 중 하나가 챔버스 가를 따라 걷고 있었는데, 그는 우리에게 그 여학생—저 골칫덩이, 그는 그녀를 그렇게 불렀다—이 자기에 대해 거짓말을 지어낸다고 말했다.

난 쟤를 도우려고 했어, 그녀의 지도 교사로서! 그가 말했다. 근데 낙제할 걸 알았기 때문이라는 거야. 이건 바로 쟤가 한 말이야. 쟤 엄청 곤경에 처했을걸.

나는 나보다 나이가 들고 권위 있는 사람이 우리에게 속마음을 털어놓는다고 느꼈다. 그리고 열여섯 살짜리 학생에게 선생님이 자신에 대한 성희롱 혐의를 논의하는 것은 안 된다는 생각을 한 번도 해 본 적이 없다. 그 자체가 경계를 위반하는 것이라는 생각은

내게 없었다. 왜냐하면 우리는 **무척이나 똑똑하기** 때문이었다. 그래서 우리는 그저 동의한다는 뜻으로 고개를 끄덕였다.

그랬다, 그녀는 분명히 곤경에 처해 있었다.

*****

트라이베카에 있는 스타이브센트 건물은 내가 고등학교에 입학했을 때 신축했다. 전에는 전혀 사용한 적이 없는 복도와 사물함, 교실, 실험실을 갖춘 10층짜리였다. 서쪽 고속도로에서 연결된 다리를 건너가면 건물 2층에 들어갈 수 있었다. 모든 것이 깨끗했지만 엘리베이터는 항상 고장 나 있었다.

학교 3층에는 넓은 복도가 있었는데 친구들과 내가 수업을 빼먹을 때 그곳에서 만나곤 했다. 크리스는 아마도 나만큼이나 거기에 있는 유일하게 다른 학생이었을 것이다. 그는 사물함에 베개를 보관해 두고는 마룻바닥에 누웠으며, 형광 색상의 양말을 과시하려고 헐렁한 청바지를 발목 위로 접어 입었다. 그는 스케이트보드를 탔고 대형 휴대용 카세트라디오를 가지고 다녔으며 커다란 푸른 눈을 하고 있었다. 우리는 우리가 꼭 고정 출연자인 클리프와 놈[Cliff and Norm, 시트콤 '치어스'에 나오는 등장인물로 밉상 캐릭터] 같다고 농담했다.

브루클린에 있는 친구네 집에서 파티가 열렸던 어느 날 밤, 나는 친구—또 다른 춤꾼—가 보도에서 발레 동작을 하는 것을 위층

창문으로 지켜보았다. 크리스가 그녀의 손을 잡고 도와주고 있었다. 나는 잘 곳을 찾으려고 이 방 저 방 돌아다니고 있었지만 빈방이 없었다. 그래서 올드잉글리시Old English 맥주를 두 병 조금 넘게 마셨고 믹이라는 이름의 짧은 금발머리 남자와 지하실에 가기로 했다. 우리는 둘 다 브이넥의 흰 티셔츠를 입고 있었다. 지하실 바닥은 추웠고 믹은 계속해서 내 바지 속으로 손을 넣으려고 했다. **넌 날 좋아하지도 않잖아.** 내가 말했다. 그는 내가 "졸라 섹시"하다고 단언했다.

믹은 양손으로 내 가슴을 계속 누르고 있었다. 나는 그게 이상하다고 생각했지만 나중에 친구들을 위해 좋은 이야깃거리를 만들 수 있겠구나 싶었다. 몇 번을 그렇게 하더니 내 손을 내 가슴 위로 가져다 놓았다. 나는 그가 모아진 내 가슴 사이에 성기를 껴 넣고 싶어 한다는 것을 깨달았다. 나는 그를 보며 웃었다. **지금 제정신이니?** 나는 대신 손으로 해줬다.

그것을 마치자 그는 바닥에 떨어진 흰색 셔츠를 집어 와서는 내게 건네줬다.

미안한데 그건 니 티셔츠야. 내가 말했다. 내가 내 깨끗한 브이넥 셔츠를 골라 입고 위층으로 가자 그의 얼굴 위로 메스꺼운 표정이 스쳤다. 그날 밤 그 일이 있은 후, 그는 주최자의 동생의 친구를 꼬셨다. 정액으로 뒤덮인 티셔츠를 입은 채 어떻게 꼬실 수 있었을까 이야기하며 내 친구들과 나는 깔깔댔다.

몇 달 뒤, 크리스와 춤꾼 친구가 헤어진 후, 나는 우리 집에서 파티하는 동안 그와 노닥거렸다. 창문 밖으로 불빛이 빛나기 시작

했고 거의 대부분 잠들었거나 잠들려 하고 있었다. 우리는 다섯에서 열 명 정도의 다른 사람들이 잠자고 있는 방에서 서로 옆에 누웠다. 우리는 애무했고 나는 그에게—포경수술을 하지 않았다는 것을 알고 놀라며—손으로 해줬다. 그리고 다음 날 아침 일기장에 "내가 바로 그 여자다. 나는 졸라 높이 나는 여자다"라고 썼다.

그는 내 가슴을 찢어놓으면서 다른 누군가와 데이트하기 시작했다. 그러나 몇 년 뒤 다시 그와 잤고 몇 년 동안 계속 자다 말다 했다. 우리 둘 다 누군가와 사귀다 헤어져서 아무도 사귀고 있지 않을 때나 혹은 때로는 누군가와 사귈 때라도. 나는 미성년자 술꾼들이 마음대로 출입하는 형편없는 술집에서 그가 디제이로 일하는 것을 지켜보며 시간을 보내곤 했다. 술집이 문 닫는 시간에 일을 마치면 우리는 브루클린에 있는 그의 지하 아파트로 차를 몰고 가서 섹스를 했다. 그는 자위행위를 할 때면 개들이 하는 식으로 나와 섹스하는 것을 생각한다고 말했다. 어느 날 아침 퀸즈에 있는 내 집으로 데려다줄 때 그는 손을 내 바지 아래로 넣더니 손가락 하나를 안에 집어넣었다. **집에 돌아가는 길에 니가 젖어 있는 걸 생각하고 싶어.** 그 관계가 어떻게 끝났는지에 대해 너무 슬퍼한다는 건 힘든 일이다.

*****

학교 근처에 선생님 세 명이 아파트를 함께 소유하고 있다는 소문이 늘 고등학교에 돌았다. 선생님들은 그곳에 학생들을 번갈

아 데리고 가긴 했지만 정말로 그게 사실인지는 아무도 몰랐다. 설령 그렇더라도 우리는 신경 쓰지 않았다. 우리는 진정한 세계주의자였고, 선생님이 학생을 성추행하기 위해 음모한다는 생각은 우리에게 범죄라는 인상을 주지 않았다. 다만 한심하고 역겨울 뿐이었다. 그런 만큼 열세 살부터 알아온 30대의 선생님이 졸업한 뒤 며칠 지나지 않아 어떻게 우드스톡에 있는 부모님 집으로 전화해서 "놀자"고 할 수 있는지 내 친구들 사이에선 농담이 되었다. 당시 나는 열일곱 살이었다. 그는 내가 진짜로 몰랐던 그의 이름을 말했는데, 그래서 영화 보러 가자고 하는 남자와 몇 년 동안 가르쳤던 남자가 똑같은 남자라는 것을 깨닫는 데 몇 분이 걸렸다. 그에게 뭐라고 답했는지는 기억이 나지 않는다. 거절의 일종이었다는 것만 기억날 뿐.

나는 학교가 바깥에서 벌어지는 성적인 야유와 지하철의 바바리맨, 치한과 변태 등의 온갖 쓰레기로부터 성소聖所여야 한다고 생각한 적은 없었다. 이것은 단지 어떤 남자인가에 관한 문제였다. 소녀가 어떤 존재냐였던 것처럼.

11학년의 첫 학기가 끝나기 몇 주 전, 나는 복도에서 Z 선생님과 우연히 마주쳤다. 그는 웃으면서 나를 겨누었다. 군데군데 조금씩 변색된 줄무늬 셔츠를 입고 있었고 배는 바지 위로 낮게 걸쳐져 있었다. **보고 싶었어!** 내게 걸어오며 말했다. 그는 숨을 헐떡거리고 있었다. 마치 복도를 내려가는 것이 큰일이라는 듯. 그는 내게 아직도 점수를 잘 받기를 원하냐고 물었다. 물론 그렇다고 응수했다.

그렇다면 안아 줘. 팔을 벌리며 그가 말했다. 내가 원하는 건 포옹밖에 없어.

나는 A를 받았다.

제2부

간청하오니, 저와 사랑에 빠지지 마세요,
저는 와인으로 만든 맹세보다 더 거짓되기 때문이에요.
_『뜻대로 하세요』중에서, 로잘린드의 대사, 윌러엄 셰익스피어

뜰

아버지는 자기가 죽을 뻔했을 때에 대해 말하고 싶어 하는 이야기
가 있다. 그는 할아버지의—수년 간 벌였던 몇 가지 작은 사업 중
하나인—빨래방에서 일하고 있을 때 대형 세척액 통에 빠졌고 거
기서 나온 유독가스가 그를 덮쳤다. 하지만 그런 사실을 알기 전에
무의식이 되었으며 그의 앞에 펼쳐진 터널과 빛을 보았다. 할아버
지가 컨테이너 바깥으로 셔츠를 끌어당기자 비로소 그것이 멈췄다
고 한다. 그는 눈을 뜰 때까지 과거로 여행하는 것 같았다고 말한다.

아빠의 이름은 필Phil이지만—어머니와 그, 딱 두 분이서 기초
공사만 되어 있던 집을 지은—뉴욕의 우드스톡에 있을 때는 필리
Philie로 통용된다. 우리는 그를 이탈리아계 미국인의 불교식을 따
라서 필리 라마Philie Lama라고 불렀다. 그는 명상 워크숍에 가지만
음악 소리를 더 낮춰달라고 요구하거나 그가 좋아하는 곳이 아닌
다른 레스토랑을 가면 폭발해버린다.

부모님은 그들의 어린 시절에 대해 말할 때 항상 많은 것을 생
략했지만 폭력이 아주 조금씩은 나오곤 했다. 아버지가 자기의 어

린 동생을 때렸다는 이유로 한 남자를 볼링장 창문 밖으로 던져버렸다는 소문을 들었다. 술 취한 아버지와 손버릇 나쁜 삼촌으로부터 어머니를 숨겼다는 소문도 있었다. 가게에서 물건을 훔쳤고(엄마) 경쟁 지역에서 온 한 무리의 남자아이들한테 거의 맞아 죽을 뻔했다는(아빠) 소문. 경찰을 왜 신뢰하지 말아야 하는지에 대한 소문. 사촌은 아버지가 집에 든 도둑을 잡으려고 망치를 들고 거리로 그를 쫓아갔다는 말을 한 적이 있다. 그가 도둑을 잡았는지는 잘 모른다. 만약 그랬더라면 무슨 일이 벌어졌을까.

부모님은 어머니가 열일곱 살이었을 때 결혼했다. 사랑에 빠졌을 뿐 아니라, 가족들에게서도 도망쳐야 했기 때문이었다. 어렸을 때부터 가족들에게 크고 작게 실망해왔던 터라 그들은 1966년에 버스를 타고 퀸즈에서 워싱턴까지 옮겨왔고 아버지는 보잉 공장에서 일자리를 찾을 수 있었다. 그곳에서 오래 머무르지는 않았다.

아버지의 여동생인 고모는 결혼해서 스물한 살 무렵에는 네 명의 아이를 건사하게 되었다. 그녀의 남편은 마약을 너무 많이 하는 데다 정신질환으로 고생하는 것 같았다. 그는 아버지의 친구였다. 전화상으로 듣기에 건강이 나빠 보였고, 아버지가 말하기를, 그래서 그를 찾아가 살펴보려고 집으로 왔다고 한다. 아버지가 집으로 들어섰을 때 아이들 중 하나가 얼굴에 이상한 표정을 짓더니 아빠가 지하실에 있다고 이야기했다. 계단을 내려갔을 때 그는 그의 친구가, 그의 매제가, 거기에 목을 매고 있는 것을 발견했다. 그는 자기가 본 것이 어땠는지에 대해 말하지 않았다.

그래서 그와 어머니는 당시 모두 일곱 살 이하이던 아이들을 보살피려고 퀸즈에 머무르게 되었다.

그들은 사촌들이 자랄 때까지 머무르다가 그 지역에서 나와 웨스트체스터로 옮기기 시작했다. 도시를 떠나는 대신 부모님은 뉴욕 북부의 우드스톡에서 집을 마저 지을 수 없었던 남자에게서 기초 공사가 되어 있는 집을 샀다. 100년이 넘은 축사가 두 개였는데 남자는 축사 안에 있는 동안 구조를 해체하는 데 실수를 저질렀다. 축사가 중 하나가 남자 위로 무너져 내리면서 등이 부러졌고, 그는 그 상태로 집을 팔아야 했던 것이다. 퀸즈에서 부모님이 탁자 위에 종종 펼쳐놓는 청사진과 함께.

부모님이 집을 다 지을 때까지 우리는 매년 여름 주말마다 차를 몰고 갔다. 아버지는 배관을 했고 엄마는 배선을 했다. 그들에게는 예술가 친구가 한 명 있었다. 그는 에소푸스크리크[Esopus Creek, 뉴욕 주 남동부에 있는 작은 강으로 허드슨 강의 지류] 근처에서 바위를 수집해서 다소 상태는 안 좋지만 아름다운 벽난로를 만들었다. 여동생과 나는 바깥에서 오줌을 눴다. 우리는 나무 널빤지들을 위층으로 운반하는 것을 도왔고, 서로 바로 옆에 붙어있는 침실로—계단이 설치되기 전에는—사다리를 타고 올라갔다.

몇 년 뒤 여름에 완성되었지만 30년이 지난 뒤에도 부모님의 실수의 잔재를 여전히 볼 수 있다. 전등 스위치는 이상한 곳에 너무 낮게 붙어있다. 오른쪽이 아닌 왼쪽에 있는 수도꼭지를 돌려야 뜨거운 물이 나온다. 소리는 사방에 퍼진다. 목소리가 들리지 않는

방은 어디에도 없다.

아버지는 내가 성공하기를 간절히 바랐고 나는 필사적으로 그를 기쁘게 하고 싶었다. 그 모범적인 예로, 그가 얼마나 멀리 왔는지가 그 증거다. 내가 뭔가 옳은 일, 좋거나 똑똑하거나 가치 있는 일을 했을 때, 그는 모든 것을 다 아우르며 칭찬을 했다. 하지만 실수는 결코 단순히 일을 그르치는 게 아니었다. 실패라면 어떤 것이든 피할 수 없는 악순환의 소용돌이가 시작된다는 확실한 신호였다. 시험을 잘못 치르는 것은 단지 성적의 문제가 아니라 그와 어머니가 사는 곳에서 파멸의 나락으로 향한다고 느끼는 증거였다. 내가 성공하지 못한 것에 관한 결과는 내가 이해할 수 없는 방식으로 그에게 준비되어 있었다.

고등학교 11학년 때 경제학 과목에서 거의 낙제할 뻔한 성적표를 본 직후 그는 비명을 지르기 시작했다. 그는 나를 뒷마당으로 데려가더니 집 안에서 작은 나무를 받치고 있던 크고 속이 빈 검은 화분을 가리켰다.

그는 그것을 집어 들라고 말했다. 너무 무겁다고 말하자 내 얼굴 가까이 오더니 만약 이 화분을 집어 들지 않는다면, 만약 내 팔 안에 그것을 들고 있지 않는다면, 나를 죽도록 패버리겠다고 소리를 질렀다. 나는 그것을 집어 들었다.

떨어뜨릴 생각일랑 하지도 마. 그가 말했다. 나는 떨어뜨리지 않았다.

한 쪽 팔에서 다른 쪽 무릎으로 화분의 무게를 옮겨가며, 나는

거기에서 땀에 흠뻑 젖어 울며 서 있었다.

부모님이 경사로에 시멘트를 부은 후 약 23제곱미터의 울퉁불퉁한 콘크리트로 된 우리 마당은 주차할 공간이 두 배가 되었다. 거기에 거리 쪽으로 열리도록 스윙게이트swinging gate를 만들었다. 그것은 창문을 부순 뒤 타이어가 도둑맞는 것을 막기 위한 그다지 법적이지 않은 궁여지책이었다. 그전에 잠시 있던 차는 부모님이 110달러를 주고 구입한 것으로 도둑맞아도 대수롭지 않다고 여겼었다. 차는 도둑맞았다.

체리나무는 콘크리트가 갈라지는 교차점의 흙이 있는 공간에서 홀로 자라났다. 부모님은 내가 아기였을 때 그것을 심었지만 크게 기대하지 않았다. 하지만 나무는 가지가 문 위에 완전히 닿을 정도로 자라났고 지나가는 사람들은 가던 길을 멈추지 않고도 체리를 딸 수 있었다. 매년 나는 동생과—나뭇가지가 녹색으로 우거지면 그 뒤에 하얀 꽃이 피고 그다음에 열매를 맺는—체리를 지켜보았고, 타박상을 입지 않고 "가장 좋은" 체리를 따기 위해 누가 사다리 맨 꼭대기에 올라가느냐를 두고 싸웠다.

체리나무는 부모님이 체리를 가지고 뭘 해야 하는지 아는 것보다 더 많은 열매를 맺기 시작했다. 1년에 45~90킬로그램 정도를 생산했다. 아버지는 그것을 갈색 종이로 된 도시락 봉지에 채워 다녔고 이웃들이나 상점 주인 혹은 나무를 보려고 멈춰선 사람 등등 누구에게나 나눠줬다. **체리 좋아하세요? 한 봉지 가져가세요!**

아버지는 길가 위에까지 뻗은 나무 그늘이 매춘부들과 함께

주차한 남자들을 "낭만적"으로 만든다고 농담했다. 한번은, 어느 일요일 오후에 산책하고 있는데 택시 운전사가 입으로 하는 것을 하고 있었다. 아빠는 그의 차 덮개를 두들기기 시작했다. **여기서 나 가! 어린 애들이 있단 말이야, 얼른 꺼져!**

아버지가 미닫이로 된 유리문 밖으로 나와 화분을 내려놓고 차에 타라고 고함칠 때까지 나는 한 시간 조금 더 넘게 잡고 있었다. 그는 아주 잠깐 운전하다가 전체 블록을 거의 다 차지할 정도로 큰 공장 건물 앞에 주차했다. 폐쇄된 듯 보였지만 창문이 전화번호부와 막대기로 받친 채 열려있었다. 그는 이런 곳에서 일하는 것이 결국엔 몇 가지 잘못만 하게 만들었다고 말했다. 아버지와 어머니가 우리를 위해 세워놓은 모든 것을 이용하지 않았더라면, 나는 쉽게 다른 뭔가에 빠졌을 것이다.

나는 매사에 실패하지 않도록 최선을 다했다. 불가피하게 실패할 경우, 그 실패를 만회하기 위해 더욱 열심히 노력했다. 나는 아빠가 나를 사랑하고 있다는 것을 알고 있었다. 그러나 나의 성공 또한 그만큼 사랑한다는 것도 알고 있었다. 그들이 그를 위해 채운 것들은 나 혼자서는 이룰 수 없었다.

같은 이유로, 내 상상으로는, 20대 초반과 대학 시절 내내 하려고 생각했던 웨이트리스와 바텐더 일을 아버지는 모두 하지 않도록 설득했던 것 같다. 주머니에 현찰을 가지고 있으면 대안이 워낙 유혹적이기 때문에 학교를 당장 그만둔다는 것이었다. 설득하는 것은 쉬웠다고 했다. 상점이나 여성의류와 란제리를 파는 그의

가게에서 아르바이트하는 것은, 내 추측에, 그에게 덜 위험해 보였기 때문이었다.

부모님이 나를 정성 들여 키웠다는 현실과는 정반대로 식당에서 서빙하려고 학교를 그만두는 미래를 상상할 수 없긴 하지만, 그들에게, 그에게, 그것은 코앞에 닥친 잘못된 선택일 뿐이었다. 하지만 가족과 이모, 이모부와 사촌들은 웨이트리스와 정육점의 구성원이었고, 몇몇은 이모부 덕에 사무직을 갖고 있었다. 이모부는 우리 가족 중에서 유일하게 몇 년 동안 퀸즈에 있는 야간 대학에 다닌 사람이었다. 나는 우리 가족에게서처럼 그들에게서 잘못된 것을 전혀 찾아볼 수 없었지만, 부모님에게 그보다 더 나쁜 것은 없다는 것을 알았다. 그러한 것들은 받아들일 만한 선택으로 여겨지지 않는 것이었다. 나는 내가 무엇을 해야 할지, 무엇을 성취해야 할지가 단지 나에 관한 것만이 아니라는 것을 알았다. 어쩌면 전혀 아니었을 것이다.

그래서 나는 내가 했어야 할 일을 했다. 부모님이 그들 자신을 위해 바랐던 것들을 구현하는, 때로는 더 나은 내 판단조차 역행하면서.

*****

어렸을 때 여름방학 동안 플로리다에 있는 할아버지와 의붓할머니네 집에 갔을 때 아버지는 실수를 했다. 우리는 매일 해변으

로 나갔는데 어느 날 아침 파랗고 하얗게 부풀어 오른 다양한 크기의 해파리 사체가 모래와 섞여 있었다.

나는 수영을 잘했지만 해변에 있는 사체의 수치만으로도 무서워서 물속에 들어가고 싶지 않았다. 아버지는 두려울 때조차도 일단 도전하는 게 얼마나 중요한지에 대해 말하면서 그날 해변을 따라 나 있는 긴 산책길에 나를 데려가겠다고 했다. 그것은 내가 크게 걱정할 필요가 없다는 것이고, 물속에 들어가야 한다는 것이었으며, 물속에 해파리가 없다는 것이었다. 그래서 나는 수영을 했다.

물속에 겨우 몇 분간 있었는데 다리에서 허벅지 위로 무언가 올라오면서 쏘는 느낌이 들었다. 해변으로 나왔을 때 다리는 약간 붉게 부어올랐고 나는 아버지에게 소리쳤다. 쏘이지 않을 거라 약속하지 않았냐고.

집으로 돌아왔을 때 그래도 그것은 반 친구들에게 재미난 이야깃거리를 만들어줬다. 그리고 새로운 친구에게 그 이야기를 반복해서 할 때마다 전혀 보지도 못한 채 단지 느끼기만 했던 해파리의 크기는 점점 더 커져갔다.

*****

아버지가 가진 지식이 더 이상 나를 충분히 도와주지 못하는 지점이 왔다. 내 생각에 고등학교 무렵에 일어난 일로, 부모님이 내 숙제에 대해 말을 할 수 없게 된 것이었다. 나중에 대학을 조사

하고 지원서를 낼 때가 오자 그들이 없는 것이 더 나은 식이었다.

그들의 조언은 가능한 것에 대해서가 아니라 나에게서 몹시 원하는 것에 전적으로 근거해 있었다. 나는 그들의 기대에 부응해 주고 싶었기 때문에 그들이 듣고 싶어 하는 것 이외의 말을 할 정도로 격렬히 싸우지 않았다.

두 번이나 방문하게 하며 내가 들어가기를 몹시도 바랐던, 두 번째 방문 때는 나를 추천할지도 모를 학교 간부와 비공식 인터뷰까지 갖게 했던 웨슬리안대학교처럼 철저히 내 능력 밖의 대학을 둘러보게 된 것도 아버지 때문이었다. 대화 도중 나는 내내 웅얼거렸고 얼굴을 붉혔다. 나는 내 또래 중에 그렇게 어른처럼 말하는 사람을 만나본 적이 없었다.

입학을 받아들인 다른 몇몇 괜찮은 대학을 두고 결국 툴레인Tulane으로 결정했을 때 그들은 만족스러워했다. 거리가 있음에도 불구하고, 대학 건물과 담쟁이덩굴, 잔디를 보았을 때 부모님은 그들이 상상했던 대학을 보는 식으로 그것들을 보았다. 그들은 행복해했고 자랑스러워했다.

몇 달 뒤 겨울방학 기간에 아버지가 심장 발작을 일으켰을 때 그는 내가 대학에 머무를 때 의사의 진찰을 받겠다고 약속했다. 나는 주차장에 나가서 담배를 폈다. 이미 학사경고를 받았고 수업도 거의 듣지 않고 있었다. 그에게 그것을 말할 수 없다는 것을 알고 있었다.

나의 모든 성공은 그의 성공이었지만 나의 모든 실패는 나 혼자만의 것이었고, 그것과 나 자신을 동등한 위치에 놓고 싶지 않았

다. 그래서 나는 아무 말도 하지 않고 학교로 돌아갔다, 수업이 아니라. 그리고 부모님께 2학년을 시작하지 않을 것이라고 말했다. 그들은 뉴욕의 올버니까지 차를 몰고 가자고 나를 설득시켰다. 나는 그곳의 뉴욕주립대학교에 아직 입학이 허가되지 않은 학생으로 등록했다. 창문 아래에는 네모난 작은 냉장고가 있고, 금속 테두리를 한 트윈베드의 작은 방이 있는 편입생을 위한 기숙사로 옮겨왔다. 그곳에서도 나는 제대로 적응할 수 없었다.

나는 남자들을 만났고 자주 술을 마셨으며 수업을 빼먹고 부모님께 거짓말했다. 기초를 다지는 데 2년이 걸렸으며 정말 가까스로 졸업했다. 졸업식에는 참석하지 않았고, 영어 전공자를 위한 소규모 비공식 행사에 졸업 가운이 아니라 가느다란 어깨끈이 달린 드레스를 입고 갔다. 당시 사귀던 남자친구와 그날 오후 늦게 저녁 식사와 더불어 축하하기 위해 우리는 우드스톡으로 차를 몰았다.

몇 년 전 부모님은 퀸즈에 있는 우리 집에 머무를 형편이 안 된다는 것을 깨달았다. 유행에 밝은 젊은 가족이 더 많은 임대료를 지불할 테니 거기에 살겠다고 했다. 그래서 그들은 내가 쓰곤 했던 아스토리아에 있는 작은 아파트로 이사했다. 가구는 벽으로 바짝 밀어붙여진 채 비좁은 방에 처박아 넣어졌다. 비슷한 시기에 병해충이 몸통으로 기어 올라오면서 마당에 있던 체리나무가 죽기 시작했다. 체리는 갈수록 점점 더 줄어들었다. 나무를 베어버렸을 때 그들은 내게 말하지 않았다. 어느 날 우리가 없는 집은 어떤 모습일까 보려고 잠깐 들렀다가 울타리 너머로 잘려있는 그루터기를 보았다.

내 기억보다 집은 더 작아 보였다.

남자

아래층에 있는 소파는 "작업"하기에 가장 좋은 장소였다. 가로막는 벽이 없이 개방형 구조로 된 우리 집은, 부모님에게 우리 바로 위에 있는 침실로 자려고 위층으로 올라간 후 그들 바로 코 밑에서 **그렇게 나쁜** 일이 벌어지지는 않을 거라는 느낌을 주었을지도 모른다. 그러나 작업실 같은 공간에서 부모님과 함께 생활한다는 것의 장점은 그들이 오는 것을 항상 볼 수 있다는 것이다.

그래서 거실의 소파는 남자애들과 밤늦도록 "영화를 보는" 장소가 되었으며, 소파 측면에 머리를 두고 개방형 계단을 올려다보면 위에서 어떤 움직임이 있는지 지켜볼 수 있었다.

처음으로 섹스를 했던 것은, 그러나, 브루클린의 파크슬로프에 있는 세 가구가 거주하는 계단식 아파트의 작은 방에서였다. 남자친구인 제임스의 부모님은 초저녁까지 일해서 우리는 방과 후에 늘 그곳을 가질 수 있었다. 섹스를 끝낸 후 제이는—물고기가 인쇄된 사각팬티를 다시 입고는 붉은색의 갭 후드티를 내 머리 위로 살짝 돌려놓은 뒤—침대에 누운 사람만이 볼 수 있도록 침대 위에 걸려있

던 선반 밑면에 우리의 이니셜과 날짜를 하트 모양 안에 써넣었다.

우리는 대부분의 날들을 그의 집으로 갔다. 퀸즈에 있는 우리 집보다 브루클린이 트라이베카에 있는 학교와 더 가까웠기 때문이었다. 우리는 7번가와 9번가로 가는 F선 열차를 탔고 몇 블록 걸어 제이의 집으로 갔다. 집에 가는 길에 그를 괴롭히거나 강탈하는 남자애들 무리가 있었기 때문이었다.

그의 가장 친한 친구와 나의 가장 친한 친구가 우리를 소개시켜줬다. 그의 가족은 뉴욕 북부에서 같은 집단의 사람들과 여름을 함께 보냈다. 나는 열세 살이었고 신입생이었으며 여름휴가지 [summer colony, 특히 미국과 캐나다에서 유명한 리조트나 상류층 거주지를 묘사할 때 쓰는 말]가 뭔지 이해하지 못했지만 뭔가 부유하게 들렸다. 그는 2학년이었고 잘 생겼지만 모든 열여섯 소년들이 그렇듯 어딘가 어색했다. 치아교정기를 하고 머리는 가운데 가르마를 타서 약간 늘어지게 했는데 그게 훨씬 더 멋있게 보인다는 최고의 확신을 가졌다. 그는 우편함과 지하철 벽에 낙서를 하거나, 후딱 해치워야 할 필요가 있는 경우 이미 검정 사인펜으로 휘갈겨 쓴 스티커를 붙이기도 했다.

*****

나는 바지 안에서 수음하는 예술의 달인이 되었다. 우리가 왜 섹스를 해야 하는가에 대한 제이의 몇 달에 걸친 노력 끝에 온 오

락활동이었다.(이유는 주로 그가 열일곱 살이 될 때까지 숫총각으로 남고 싶어 하지 않았기 때문이었다.) 게다가 지하철에서 흐물흐물하고 우스꽝스럽게 보이는 성기를 너무도 많이 본 것은 그의 성기를 가까이에서 본다는 것에 대한 흥미를 끌지 못하게 만들었다. 내가 실제로 사랑하는 누군가가 그것을 가지고 있다는 생각은 끔찍한 것 같았다. 그래서 나는 할 수 있는 모든 놀이를 했고 성기를 직접 받아들이지 않고도 좋은 여자친구가 되었다.

나는 섹스 후에 다르게 느껴질 것이라 기대했지만 그렇지 않았다. 행위 그 자체조차 아무런 감동이 없었다. 그냥 고통스러웠다, 대부분. 섹스하는 도중 제이의 친구가 전화 왔는데, 전화기 저 너머에서 벌어지고 있는 일을 알고는 웃었다. 나는 제이에게 반복적으로 얼른 하라고 요구했다. 그만하고 싶었기 때문이었다. 결국엔, 더 나아졌다. 몇 번 한 뒤에는.

마침내 사전에 처리해 버려야 할 일이 있다는 것이 더 명확해졌다. 나는 제이와 함께 친구를 통해 알게 된 병원으로 갔다. 내가 갈 수 있는 곳으로, 첫 번째 산부인과 약속을 잡은 곳이며, 부모님의 보험증에 게재하지 않고도 피임약을 얻을 수 있는 곳이었다. 검사 그 자체는 생각했던 것만큼 불쾌하지 않았다. 여자 의사라는 게 딱 좋았다. 병원에선 6개월간의 피임약을 무료로 주었다. 내가 해야 할 모든 것은, 그녀가 말하기를, 다시 오는 것이고, 그러면 내게 한 상자당 몇 달러어치의 약을 더 주겠다고 했다. 나는 성인이 됐다고 느꼈다. 하지만 몇 달 뒤 당시 열두 살이던 여동생이 어머니

가 그 약을 발견했고 곧바로 울기 시작했다고 말하자 수치스러워졌다. 피임약이 필요하면 대신 가겠다고, 그러니 당신한테 이야기 해달라고 어머니는 항상 내게 말해왔었다. 그것이 언제나 선의의 거짓말이었다는 것을 깨닫게 해준 데 대해 감사했다.

제이는 내가 어디에 있는지, 그리고 내가 어디에 있는지에 대해 거짓말을 하고 있는지 늘 우려했다. 한번은 시내 어딘가에서 만나기로 되어 있을 때 열차가 지연되었는데 그에게 호출할 공중전화를 찾을 수 없었다. 늦었다는 사실을 열차의 지연으로 덮으려 한다며 그는 나를 비난했다. 아마 다른 곳에 있었을 거라고 그는 생각하는 것 같았다. 제이가 MTA[Metropolitan Transportation Authority, 메트로폴리탄교통공사]에 전화해서 그들이 열차 지연은 없었다고 말할 때 내가 어떻게 반응하는지 보려는 계획을 세웠었다고 그의 사촌이 말했다. 내가 거짓말을 하는지 알아내기 위한 것이었다. 왜 그가 하지 않겠다고 결정했는지 모르겠다.

밸런타인데이에 그는 내게 삐삐를 줬다. 매듭이 묶인 상자에서 얇은 종이에 싸여진 반투명의 푸른색 화면이 나왔고, 귀여운 문구들이 쓰여진 하트 모양의 사탕이 그 위에 채워져 있었다. 이것은, 그가 말하기를, 나와 항상 연락이 닿을 수 있는 방법이었다.

우리는 많이 싸웠고, 그 때문에 2학년 때에는 친구들과 시내 중심가에 있는 클럽에 가서 브롱크스 과학고에 다니는 한 남자애와 댄스플로어에서 즐기기도 했다. 그는 키스 솜씨는 그럭저럭이었지만 제이보다는 많이 나았다. 키도 더 컸다. 우리는 몇 주간 전

화 통화를 했고, 그 와중에 그는 내게 남자친구와 헤어지라고 설득하기도 했다. 우리는 정말로 몇 주 후에 깨졌다. 나는 제이에게 이것이 자기 때문이라는 것을 믿게 하도록 애썼다.

나는 계속해서 주말에 과학고 친구들과 데이트했다. 클럽으로 가는 택시를 타기 전에는 그 학교 건물 뒤에서 마리화나를 피웠다. 클럽은 주중에는 치펀데일[Chippendales, 일종의 남성 스트립쇼]을 하다가 주말에는 십 대를 위한 파티로 바뀌었다. 부모님은 친구 혹은 친구의 친구가 "홍보하는 것이라면" 가도 좋다고 허락했다―내 역할은 사람들을 참석하게 하고 전단지에 이름이 올라가는 것이라고 말하는 것은 근사한 방법이다. 나는 오전 1시나 자정까지 머무를 수 있었다. 나를 태우러 오는 부모님은 아무도 내가 차에 타는 것을 보지 못하도록 한 블록 떨어져 있게 했다.

제이는 다른 소녀와 자는 것을 말하려고 내게 전화했지만, 그가 그 시간 동안 줄곧 생각할 수 있는 것이라곤 오줌을 싸는 방법일 뿐이었다. 나는 과학고 소년에게 우리는 단지 서로 "보는" 사이이며 그의 여자친구가 될 수 없다고 말했다. 그런데도 어느 날 밤 어퍼웨스트사이드에서 그의 어머니와 저녁 식사를 하려고 만났다.

제이가 관계에 대해 알게 되면, 그것이 무엇이든, 상황은 빠르게 바뀌었다. 그는 필사적으로 다시 합치고 싶어 했다. 처음에 그는 내 사물함을 억지로 열어서 "거짓말……"이라고 휘갈겨 쓴 봉투를 남겼다. 그 안에는 내가 그동안 그에게 쓴 편지와 메모들이 들어 있었다. 그래도 받아들여지지 않자 그는 사물함을 깨뜨려서

남자

꽃이나—딱 한 번—팔을 양쪽으로 벌린 자신의 모습을 확대한 사진을 남겨놓았다. 마침내 그를 다시 받아들이기로 동의했을 때 그는 브롱크스 과학고 소년이 나에게 만들어준 여러 음악이 섞인 테이프를 가져오라고 했다. 그는 그것을 발로 깨질 때까지 짓밟더니 녹음테이프 줄을 다 뽑아버렸다.

나는 제이를 2년 반 뒤에 만났다. 대학이 있는 곳으로 떠난 이후 제이는 입술에 피어싱을 한 여자와 만나기 시작했다. 그녀는 그의 자동응답기에 오르가슴에 다다른 듯한 소리를 녹음했다. **제이……아냐, 오, 바로 거기, 지금, 그래, 그거야…….**

잭은 내가 가까이서 보았던 가장 아름다운 사내였다. 우리는 뉴욕의 소거티스Saugerties에서 만났는데 그는 민소매 티셔츠와 청바지를 입고 바비큐를 구우면서 환하게 웃고 있었다. 어깨에는 클로버 문신이 있었다. 그 날은 그의 스무 번째 생일이었고 나는 열여섯으로 그곳에서 가장 나이가 어렸다. 하지만 나 또한 뉴욕 출신이기 때문에 그 차이는 공평해지는 것 같았다. 나는 그에게서 눈을 떼지 못했다.

우리는 한 마디도 나누지 않았지만, 다음 날 그가 영화 보러 가자는 전화를 걸어왔다. 제대로 된 데이트 신청을 받는 게 처음이라서 나는 흥분했다. 뭘 봤는지는 기억나지 않지만 영화가 끝난 후 그는 나를 집에 태워다줬고 우리는 우드스톡에 있는 부모님 집의 소파에 앉아서 그가 마침내 내게 키스하는 새벽 2시까지 이야기를 나눴다. 12학년이 시작되기 전까지 딱 한 달 남았고, 그래서 우리

는 매일 같이 보냈으며 일주일이 안 되어 그는 내게 사랑한다고 말했다. 나는 부모님께 그가 열여덟 살이라고 했다.

아버지는 대학에 진학하지 않고 집 근처에 있는 헬스클럽에서 비정기 고객의 개인 트레이너로 고용되어 사무를 보는 잭에게 몸서리를 쳤다. 아버지는 내게 그에게서 무엇을 봤냐고 물었다. 나는 들떠서 충동적으로 **아버지는 뭘 봤어요?**라고 대꾸했다.

잭은 영화배우나 스트리퍼처럼 190센티미터에 잘 다듬어진 몸매를 가지고 있었다. 그는 샤워하면서 벽에 손을 댄 자세를 취한, 상반신을 벗은 사진을 내게 줬다. 우리가 만나기 몇 달 전 그는 얼굴 사진을 찍었고 그래서 모델이나 배우에 도전할 수 있었다. 그는 매일 몇 시간씩 운동했다. 우리는 사랑에 빠졌고, 그는 그 사진들이 가져올지 모르는 어떤 경력이라도 좇아보려고 퀸즈에 살고 있는 그의 아버지네 집으로 옮기기로 결정했다.

뉴욕에 돌아가야 하는 그 해 여름 우드스톡을 떠나기 전에 어머니는 가방을 살펴보다가 작은 마리화나 파이프와 콘돔을 몇 개 발견했다. 그녀는 산책하면서 섹스에 대해 이야기하자고 했지만 거절했다. 그녀는 내가 남자들과 계속 섹스를 한다면 아무도 나와 결혼하고 싶어 하지 않을 거라며 소리를 질렀다. 그녀가 내게 외출을 금지시켰을 때, 나는 그것이 마리화나가 아니라 콘돔 때문이라는 것을 깨달았다. 그녀는 부정했다. 그녀는 아버지에게 그 이유에 대해 계속 비밀을 유지할 것이라 했다. 아버지가 완전히 돌아버릴 것이기 때문에 나를 보호하겠다는 건지 아니면 그가 나의 일상적

남자

인 범죄를 찾아낼 것이기 때문에 그녀 자신과 나에 대한 권위를 보호하겠다는 것인지는 확실치 않았다.

뉴욕에 돌아와서 나는 할 수 있는 한 학교의 댄스파티와 집에서 여는 모든 파티에 잭을 데리고 갔다. 그와 비교했을 때 뼈만 앙상한 나의 친한 남자들은 그에게 감동받았지만 그가 술에 취해 호전적이 되면 약간 두려워했다. 우리 집에서 파티를 열었던 어느 밤, 그는 위층 창문의 방충망을 주먹으로 쳤다. 또 다른 밤에 그는 내가 그만 싸우겠다고 동의할 때까지 욕조를 가득 채운 물속에 머리를 처박아 넣고 있었다.

외부인에게는 열여섯 살짜리 소녀가 스무 살 먹은 남자와 데이트하는 게 좋게 보이지 않는다. 또 대부분 그렇다. 하지만 잭은 순진했고 나는 그보다 자제를 더 잘했다. 그는 독주(골드슐라거) [Goldschläger, 계피향이 나는 진짜 금가루가 들어있는 술]를 처음으로 맛보게 하고 내가 아는 모든 사람보다 거대했지만 나를 흥분시켰다. 처음 그의 몸의 윤곽을 주목했을 때 그 엄청난 근육을 감당하기 힘들었던 것을 기억한다. 그리고 그것이 진정한 남자라고 생각했다. 앙상한 팔이나 청소년기의 어정쩡한 얼굴 솜털 같은 것은 없었다. 단지 허리둘레만 있을 뿐.

한번은 그의 방에서—그의 어머니가 침실에서 밀폐된 파티오 [patio, 보통 집 뒤쪽에 만드는 테라스]로 바꾼 곳에서—한 섹스의 느낌이 달랐다. 나중에 화장실에 갔을 때 콘돔의 위쪽 절반이 내 안에서 빠져나왔다. 내 춤꾼 여자친구가 섹스 후에 먹어도 임신 걱정이

없는 알약에 대해 들었다며 의사에게 전화를 걸어보겠다고 말했다. 그녀는 그것을 **먹는 피임약**이라 불렀고, 친구가 나를 위해 찾아준 의사에게 갔을 때 나는 **방문 이유**를 쓰는 곳에 같은 것을 썼다. 남자 산부인과 의사는 처음이라서 내가 머무르는 전체 시간 동안 간호사가 그 방에 같이 있을 거라는 사실을 깨달을 때까지 나는 크게 허둥대기 시작했다.

투약은 조금 토 나오게 했지만 그 외에는 괜찮았다. 잭은 이것을 나 혼자 해냈다는 것을 믿을 수 없었다. 약 7개월간의 데이트 후에 그는 전화를 하지 않았다. 내 집에 오겠다고 말한 시간에도 나타나지 않았다. 트로피 남자친구[trophy boyfriend, 남자가 매우 뛰어나서 여자가 자신을 돋보이게 하기 위해 사귀고 싶어 하는 남자친구]를 가진 것에 대해 친구들에게 떤 허풍에도 불구하고 마침내 그가 전화로 헤어지고 싶다고 말했을 때 나는 크나큰 충격에 빠졌다. 그 매력은 단지 육체적인 것이었으며 그 이상은 정말로 아무것도 없었기 때문이었다.

친절하게도 친구들이 남자가 우리와 함께 있기를 원하지 않는 실질적인 훌륭한 정보라면서 "이유 있는 목록"을 작성하는 것을 도와주겠다고 했다. 거기에는 그들이 여성용 탈취제를 사용하고, 다리와 고환을 면도하며, 구강성교를 하지 않는 것이 포함되어 있었다. 우리는 그날―시니어컷데이[senior cut day, 12학년생들이 하루 정해서 학교에 가지 않는 날. 잠을 자든 파티를 하든 자유로이 하루를 보낼 수 있다]―컬럼비아대학 캠퍼스에서 그 학교 학생인 척 마리화나를 피우면서 보냈다. 그 후에 우리는 약에 잔뜩 취해서 뉴욕 112

번가 브로드웨이 모퉁이에 있는 톰의 식당[Tom's diner, 원래 명칭은 Tom's Restaurant으로 가수 수잔 베가가 이곳에서 식사하면서 Tom's diner란 곡을 써서 유명해진 후에 일반적으로 이렇게 부른다]에 가서 감자튀김과 치즈스틱을 주문했다.

나는 고등학교의 마지막이자 학교의 남은 해를 마리화나를 피우고 친구들과 남자를 꼬시면서 보냈다. 비록 아무도 잭만큼 잘생기거나 성인처럼 보이지는 않았지만. 졸업앨범이 나온 날 나는 여자친구들끼리 그 페이지의 4분의 1을 차지하는 네모 칸 안에서 서로 축하하는 자세로 사진을 찍었다는 것에 주목했다. 곧이어 친한 남자애가 말했다. 그들이 대학 가기 전에 여름에 유럽으로 함께 여행을 떠날 계획을 세웠는데, 거기에 대해서 나한테 말하지 말아달라 부탁했다고. 그렇게 하는 게 더 낫다고 생각했기 때문이란다.

그래서 나는 퀸즈에 있는 부모님의 가게에서 일을 하면서 옷장으로 사용하곤 했던 내 침실에서 짐을 꾸렸다.

대학

폴과 깨지기 전에, 나는 하늘 위쪽으로 천천히 떠다니는 꿈을 꾸었다. 손 안에 작은 녹색의 올리브가 하나 있기 때문에 가능한 것이었다. 폴은 내 아래의, 땅 위에 있었고, 내가 올리브 조각을 조금씩 조금씩 건네주어서 나와 함께 떠다닐 수 있게 되었다. 하지만, 곧, 내게 남겨진 모든 것은 구덩이가 되었다. 폴은 손 안에서 바스러지는 작은 녹색 조각들을 모두 가지고 있었다. 그런데도 여전히 그는 땅에 있었다.

　나는 폴을 거의 4년 전에 마약 중개상을 통해 만났다. 그는—내가 두 번째로 시도한 대학인—올바니의 우리 기숙사에 사는 키가 큰 부자 아이로 엑스터시와 대마초를 팔았다. 나는 술집 지하에서 친구와 춤을 추고 있었다. 그곳은 무대 조명이 비춰지면 "클럽"으로 바뀌었고 내려가는 계단에는 종려잎들이 벽을 뒤덮고 있었다. 친구는 담청색의 벨벳 셔츠를 입었다. 일단 흔들기 시작하면 촉감이 좋게 느껴진다고 생각했기 때문이었다. 실제로도 그랬다. 우리는 곧바로 루를 만나 약을 더 달라고 했다.

그는 내게 폴을 소개시켜줬다. 폴은 거의 정확히 내 키와 같은 165센티미터였고 불그스름한 머리를 가지고 있었다. 나는 한 번도 빨간 머리의 이탈리아인을 만난 적이 없다고 농담했고, 그는 빅스 흡입기[Vicks inhaler, 비염 치료기 상표명] 밑에서 라이터를 켜면 어떻게 되는지 보여주겠다면서 내 얼굴에다 연기를 뿜었다. 멘톨이 목과 눈에 닿자 나는 몇 초간 황홀경에 빠졌다.

우리는 내 방 한 층 아래에 그가 쓰고 있는 기숙사 방에서 오레오 쿠키를 먹고 새벽 네 시까지 얘기를 나누면서 그날 밤 같이 보냈다. 나중에 그는 내가 쓰는 층으로 옮겨왔다. 나는 그가 말한 만큼 훌륭한지, 말 대신 일단 확인하려고 입으로 했다.(그는 멋졌다.) 다음날 폴은 게토레이와 더 많은 오레오를 가지고 기숙사 관리사무소 건물에서 일하는 나를 보러 왔다. 우리는 곧바로 커플이 되었다.

폴은 브롱크스 출신이지만 그의 부모는 그가 뉴욕 시에서 말썽을 너무 많이 일으킬 거라 생각해 웨스트체스터로 데려왔다. 우리는 우리의 이탈리아인 자치구를 배경으로 새로운 대학에 편입하는 문제를 연관시켰다. 그러나 똑똑하긴 하지만 우리 스스로 무엇을 해야 할지 잘 몰랐다.

우리는 끊임없이 운전했고 그래서 다른 어떤 곳보다 폴의 차에서 더 많은 시간을 보냈다. 올바니에서부터 뉴욕으로, 뉴욕에서 웨스트체스터로, 웨스트체스터에서 우드스톡으로, 우드스톡에서 다시 올바니로. 어느 날 밤, 차의 엔진이 멈춰서 고속도로에서 떨어진 모텔에서 머물러야만 했기 때문에 폴의 엄마의 신용카드 번

호를 냅킨 위에 써서 비용을 지불했다. 현금이 없었기 때문에 우리가 먹어야 하는 유일한 것은 내가 휴게소에서 구입한 사탕 목걸이였다. 우리는 목걸이를 연결하는 고무줄을 조각조각 잘랐다. 모텔 방에서는 두 침대 사이에 텐트를 만들었다. 이런 모텔에서는 침대 시트에서 자는 것보다 바닥에서 자는 게 더 재미있고 깨끗할 것 같았기 때문이었다.

우리는 타코닉Taconic으로 또다시 차를 몰았다. 나는 폴이 운전하는 동안 입으로 해주고 있었는데 우리가 갑자기 방향을 틀었다며 경찰이 차를 세웠다. 그런데 우리는 교통위반 딱지를 끊지 않았다. 아니, 절대 끊을 수 없었다. 폴이 아빠—그는 뉴욕 시 경찰국의 목수였다—의 명함을 계기판 위에 놓고 다녔기 때문이었다. 그는 경찰이 창문 가까이 오기 전에 단추도 잠그지 못한 채 가까스로 바지를 올린 상태였다. 우리는 나머지 여행 동안 그 얘기를 하며 낄낄거렸다.

그의 엄마는 오리와 사과를 수집했는데 어느 날 밤 우리는 대마초와 엑스터시에 몹시 취해 있어서 소금병과 후추병, 자석, 그릇에 담긴 모형 과일을 세듯 벽지에 그려진 사과의 수를 세기로 결정했다. 포기하기 전까지 우리가 센 숫자는 100에 이르고 있었다.

4학년이 될 무렵 우리는 동거에 들어갔다. 올바니의 매디슨 가에 있는 낡은 술집과 주 박물관 사이의 침실 하나짜리 아파트로 한 달에 5백 달러였다. 폴은 내게 새끼 고양이를 한 마리 주었는데 우리는 이름을 네이드라고 지었다. 요가 선생님이 "요가 니드

라"[yoga nidra, "요가 수면"이란 뜻으로 의식이 있는 깊은 수면을 말한다]에 대해 말하는 것을 잘못 알아들은 것이었다. 여름에 그는 식료품점에서 일하고 나는 뉴욕에서 머물며 여름 캠프에서 유치원 교사의 조수로 있었다. 학기 중에는 기본적인 생활비를 충당하기 위해 올바니 쇼핑몰에 입점한 가게에서 일을 했다. 나는 바디샵Body Shop에서 나이든 여성들에게 로션과 향수를 팔았고 예민한 남자친구는 리즈Lids에서 대학생들에게 야구 모자를 팔았다.

우리는 무심코 똑같은 뉴발란스 운동화를 두 켤레 샀다. 그의 것은 "남성용"이고 내 것은 "여성용"일지라도 신발 크기가 비슷했기 때문에 때때로 한 짝씩 다른 것을 신거나 아예 상대방의 것을 바꿔 신는 실수를 저지르기도 했다. 내가 여성학 수업을 듣기 시작하면서 그 수업에 열광하자 그는 행복해했다. 우리는 같이 셰익스피어 수업을 들었고, 그의 가족은 그가 경제학 박사 학위를 받기를 바라지만 그는 선생님이 되고 싶다고 말했다. 그는 매일 아침마다 커피를 엎질렀다. 엑스터시를 얻을 수 없을 때 우리는 여성학 교수님 중 한 분의 집에서 코카인을 함께 했다.

나는 마침내 내가 있을 곳을 발견한 느낌이 들었다.

*****

첫 번째 대학인 뉴올리언스에 있는 툴레인대학에서는 가끔씩 수업을 들으러 갔다. 열일곱 살이었고 집에서 멀리 떨어진 게 처

음이었을뿐더러 무엇을 해야 하는지 확신이 서지 않았다. 나는 친구들을 따라 파티에 갔고 수업을 함께 들었다. 나는 그들이 왜 바깥에서 파자마 바지를 입고 있을까 의아했고, 집에 있으면 얼마나 좋을까 바랐다.

내가 대학의 모습에 대해 상상한 유일한 경험은 영화에서 온 것이었다. 그래서 나는 같은 기숙사 층에서 사귄 새로운 친구들이 여학생 사교클럽에 가입하기 시작했을 때 충격을 받았다. 내 생각에 그것은 초부유층의 싸가지 없는 여자애들만 하는 짓이었기 때문이었다. 그들은 회원이 되기 위한 활동의 일환으로 너무 많이 미소 지어서 얼굴이 아프다고 불평하면서 기숙사에 돌아왔다. 공부는 뒷전이었다. 그러나 그럼에도 불구하고, 그들은 모두 같은 사교클럽에 들어가기를 바랐다. 친구들에게 지불하는 것은 한심한 것 같다, 고 나는 말했다. 게다가 그것은 내가 감당할 수 있는 것보다 돈이 더 많이 들었다. 부모님이 나를 도와준다 하더라도 책값을 지불하는 데 보탬이 되려면 일주일에 몇 시간은 캠퍼스에서 일을 시작해야 했다. 어린이집에서 일하는 것은 첫 주에 건물을 찾을 수 없어 포기했다. 나는 너무 당황한 나머지 누구에게 도와달라고 하지를 못했다.

나는 어머니와 아버지에게 이곳이 현실 세계처럼 느껴지지 않는다는 편지를 룸메이트의 컴퓨터로 쓴 뒤 인쇄해서 부쳤다. 구내식당에 들어가면 탁자 별로 인종이 분리되어 있었다. 게다가 우리 기숙사에 있는 일부 여학생들은 기숙사에 살지도 않았다. 그들

의 부모들이 가까운 곳에 아파트를 얻어줬기 때문이었다. 나는 대부분의 학생들이 매일 밤 술을 마시며 수업은 예상했던 것보다 더 어렵다고 편지에 썼다. 내가 거기에 속하지 못한다는 것이 명확해졌다고 말했다. 그것은 어쩌면 내가 집에 가야 하는 것일 수도 있다는 것이었다. 몇 년 뒤, 내가 어렸을 때부터 그린 그림과 아버지에게 준 생일 카드를 넣은 상자 안에 그 편지가 자리 잡고 있는 것을 발견했다. **우린 대학에 있는 모든 아이들이 향수병을 앓는다고 생각했는데.** 아버지가 말했다.

카일은 남자친구로서 첫 번째 선택은 아니었을 것이다. 그의 미소는 능글맞은 것에 더 가까웠고 강한 보스턴 억양은 귀에 거슬렸다. 그는 마치 90년대의 대학 코미디영화 세트장에서 걸어 나온 것처럼 항상 똑같은 더러운 하얀 모자를 쓰고 있었다. 하지만 굵은 팔뚝과 탁월한 유머감각을 가지고 있었다. 그래서 축구경기를 보러 가겠냐고 물었을 때 나는 그러자 했다. 나는 정말로 "대학"처럼 보이는 것에 포함된다는 게 행복했다.

그냥 친구로, 그가 말했다. **넌 내 타입이 아니야.**

툴레인의 경기가 열리기 전에 파티에서 공식 데이트를 하는 것은 그가 속한 남학생 사교클럽 활동의 일환이었다. 각 서약마다 누군가와 함께 나타나도록 했고, 둘 다 남부의 사립대학에서 비꼬기 좋아하는 동부 해안지역 출신들로 라틴어 시간에 농담을 서로 주고받은 이래 그는 우리가 잘 어울릴 것 같다고 생각했다.

나는 복도 끝 방에 있는 여학생에게 가느다란 끈이 달린 갈색

원피스를 빌려 입고, 뒤로 넘겨 고정시킨 머리에는 분홍색 인조 보석이 박힌 핀을 꽂은 채, 무시무시하게 높은 검정 구두를 신고 불안정한 걸음걸이로 우리가 만나기로 한—비록 같은 기숙사에서 살았지만—캠퍼스 중앙 근처에 있는 현금인출기 앞으로 갔다. 그가 나를 보았을 때 만족스러워했다고, 나는 말할 수 있다.

나는 그날의 데이트에 대해서 많이 기억하지 못한다. 다만 그가 진탕 취했으며 관중석에 앉았을 때 빌려 입은 갈색 원피스 위에 나초 치즈를 왕창 쏟았다는 것만 빼고는. 나는 나와 비슷하게 술 취해서 망한 데이트를 한 다른 여학생들과 함께 버스를 타고 캠퍼스로 다시 돌아왔다. 그 버스는 바로 그런 이유 때문에 거기에 있었던 게 틀림없었을 거라는 생각이 들었다.

카일은 이른 저녁에 너무 많이 취했을 때 토하는 법을 가르쳐 줬다. 그래서 나는 계속해서 더 많이 마실 수 있었고, 50센트로 마시는 밤(화요일)과 "페니피처" 밤(수요일)에 나를 데려갔다. 우리는 거의 매일 밤 술을 마셔댔고, 곧, 섹스도 그렇게 했다.

나는 그렇게 자주 섹스를 하고 싶어 하는 사람을 만난 적이 없었다. 적어도 하루에 몇 번은 원했다. 대부분은 내 방 바로 한 층 아래에 있는 그의 기숙사 방이었고, 때로는 남학생 샤워실에서도 했는데 누가 거기에 있는지 혹은 누가 바닥에 똥을 누지는 않았는지—그들은 한 번 이상 그런 경험이 있으므로—그가 먼저 들어가서 확인했다. 나는 또한 성기가 그렇게 큰 남자를 만난 적이 없었는데 그는 발기하면 그대로 똑바로 서지 않고 그의 몸에 수직으

로 서 있어서, 섹스하는 내내 너무 무거웠다.

나는 그가 침대 밑에 있는 신발 상자 몇 개에 포르노들—잡지와 비디오테이프들로 대부분 엉덩이와 항문섹스와 관련된 것들—을 보관하고 있다는 것을 알았다. 하지만 그는 모든 남자가 이 정도의 포르노를 가지고 있으며, 일부 여자들의 얼굴에서 보이는 고통스러워하는 모습을 좋아하지 않음에도 그저 재미를 위한 것일 뿐이라고 나를 안심시켰다.

그의 룸메이트는 펜실베이니아 출신으로 카일과 기숙학교에 같이 있었는데 우리 중 그 누구보다 술을 많이 마셨다. 또한 그는 방에서 마리화나를 꽤 많이 폈는데 RA[Residential Advisor, 기숙사 방장 개념의 조교]가 알아차릴 수 없도록 문 하단부의 틈새에 수건을 말아놓거나 때로는 두루마리 화장지의 휴지심 끝부분에 얇은 천을 댄 뒤 고무줄로 동여매서 연기를 날리기도 했다. 어느 날 밤 카일과 나는 그가 몽유병 때문에 우리에게 오줌을 싸는 바람에 잠에서 깼다. 나는 웃음을 멈출 수 없었지만 카일은 분노했다. 소변이 달걀 받침판 모양의 매트리스 토퍼에 배었기 때문에 그를 내 방에서 재울 수밖에 없었다. 그는 내 방에 오기 싫어했다.

카일은 사교클럽 가입 문제 때문에 힘든 나날을 보내고 있었다. 정말로 성적을 올리고 싶지 않았지만 캠퍼스에서 가장 독하게 파티를 열고 말술을 마시기로 유명한 그 사교클럽의 구성원이 되고 싶었기 때문이다. 그는 거기에 있는 대부분의 남자들보다 더 공격적이었다. 그는 더 자주 싸웠다. 같은 층에 있는 다른 남학생들

은 그를 두려워했다. 술에 취하면 그들은 카일을 피했다. 한 명은 내게 왜 그와 데이트하고 싶냐고 물었다.

내 친구들 역시 카일에 대해 회의적이었다. 한번은 우리 층에 있는 여학생이 룸메이트와 함께 내게 앉으라고 하더니, 며칠 전 밤에 그가 술 취해서는 그녀에게 키스하려 했다고 말했다. 카일과 대면했을 때, 그는 그녀가 거짓말쟁이 창녀라고 딱 잘라 말했다. 또다른 친구도 비슷한 주장을 했지만 나는 그가 무슨 짓을 하는지 알 수 없을 정도로 취해있었다고 고집했다. 곧 그는 나를 무시하며 비난하기 시작했다. 나는 웬만한 여자들은 들어보지도 못했을 정도로 심한 욕설을 들었다. 왜 나는 우리가 섹스할 때마다 오르가슴을 느낄 거라 기대했을까? 탐욕스러워 보였다.

어느 날 밤, 그의 룸메이트가 친구들을 초대했고, 나는 그들과 어울려 비아냥거리는 시시껄렁한 농담을 주고받고 있었다. 카일은 노발대발하면서 여자친구가 해야 하는 적절한 존경을 자기에게 보이지 않음으로써 자기를 모욕했다고 비난했다. 내가 다른 남자들, 심지어 친구들과도 말해서는 안 된다는 것을 정말로 의미하는 것이냐고 물었을 때 그는 재빨리 **그래**라고 대답했다. 그는 대부분의 밤에 취해 있었고 종종 다른 남자들과 싸움을 벌이려고 했다. 그럼에도 침대로 기어들어 와서는 집과 가족이 그립다며 울었다. 그리고 누구에게도 한 번도 말해본 적이 없는 것, 즉 입양된 것에 관해 이야기했다. 그는 내게 약해진 것 같다고 했다.

그러나 우리가 크리스마스 연휴 동안 집에 갔을 때 그는 전화

를 하지 않았다. 아버지가 심장마비에 걸린 뒤에도 나는 집에서 울면서 전화를 걸었지만 그는 자기 엄마를 위해 해야 할 일이 있다고 말하기 전까지 겨우 몇 분만 전화기에 붙어 있었다. 우리는 연휴에서 돌아온 첫날 헤어졌다. 그리고 나는 그가 남학생 사교클럽의 첫 공식 여행지인 플로리다에 여학생 사교클럽에 속한 다른 여학생을 초대했다는 것을 알았다. 우리가 공식적으로 이별을 선언하기 전에 그는 한 번 더 섹스하기를 원했다. 나는 좋다고 했고, 섹스를 마친 후 나는 그에게 내가 지금까지 진짜로 여자친구였냐고 물었다.

우리 층에 사는 그의 친구 중 하나는 그가 나와 헤어진 이유가 내가 1학기 과정 동안 너무 뚱뚱해졌기 때문이라고 말했다. 또 내가 너무 "말이 많은" 것도 이유라고 했다. **너 항문섹스도 했다며?** 입가에 미소가 번지며 친구가 말했다. 나는 거짓말이라고 주장했으나, 실제로도 그랬고, 그의 친구는 내가 **그렇게 하는 건 정말 불쾌한 일이었어**라고 인정하고 싶지 않아도 괜찮다고 대답했다.

최선의 노력을 다했음에도 불구하고 마르디그라[Mardi Gras, 프랑스어로 '살찐 화요일Fat Tuesday'이라는 뜻으로 사순절이 시작되는 '재의 수요일Ash Wednesday' 직전 화요일에 열리는 가톨릭 축제다. 사순절에는 40일간 하루 한 끼씩 금식을 해야 하기 때문에 그 전에 미리 먹고 즐기자는 취지로 시작된 축제다. 화려한 가면과 복장을 입은 채 가장 행렬을 벌이고, 꽃마차 위에선 한껏 치장한 무희들이 춤추며 구슬 목걸이를 던진다] 축제 주간의 처음 두 밤은 마시지 않을 수 없었다. 하지만 카일에게 배운 만큼 마셨는데도 겨우 술기운이 오를 뿐이었다. 그래서 친구와 나는 분스팜스트

로베리힐[Boone's Farm Strawberry Hill, 와인의 일종]을 사서 각각 한 병씩 마신 뒤 잭다니엘을 회색의 기숙사 방바닥에 토할 때까지 마셨다.

술집에 있는 게 더 낫겠다 싶어 우리는 목에 구슬 목걸이를 건 채 남은 잭다니엘을 가지고 캠퍼스 바로 옆에 있는 부트Boot라는 술집으로 갔다. 별로 기억이 나진 않는데 다만 사람이 엄청나게 많았고 카일의 룸메이트를 본 것은 기억이 난다. 노래가 끝나가고 있을 때 그는 내게 키스했고 나는 내버려 뒀다. 우리가 섹스했다는 것을 알았고 그것에 대해 카일에게 말하지 말아달라고 부탁했다. 그는 웃음으로 답했다.

어떻게든 방에 돌아왔는데, 몇 시간 뒤 카일이 문밖에서 나오라고 외치는 소리를 듣고 잠에서 깨었다. 나는 그 때문에 룸메이트를 깨우고 싶지 않아서 파자마 바람에 복도로 나가 내 방의 문에 등을 기대고 앉았다. 그는 내 앞에 서서 자기가 상상할 수 있는 쓰레기 중에 내가 제일 더럽다고 말했다.

넌 똥 덩어리 쓰레기 창녀야, 알아? 나는 대답하지 않았다. 그러나 나는 그가 정말로 나를 그렇게 보고 있다고 생각하지는 않았다. **니가 너무 추잡하고 더러워서 너를 보고 있는 것도 참을 수가 없어. 이 걸레야, 냄새나, 알아? 넌 진짜 걸레고 절대 다시 보고 싶지 않아. 빌어먹을 창녀와 어울리고 싶지 않단 말이야!** 그는 떠나기 전까지 대략 5분에서 10분간 그런 식으로 계속했다. 나는 아무 말도 하지 않고, 그저 앉아 있기만 했다. 도움을 요청하지는 않았지만, 소음이 났는데 아무도 방 밖으로 나와 보지 않는다는 것에 놀랐던 것을 기억한다.

한밤중에 문 바깥에서 여러 남자의 소리가 들려왔다. **문 열어, 창녀야!** 한 명이 말했다. 나는 그 목소리가 나도 아는 카일의 친구 중 한 명이라는 것을 알아챘다. 베개를 머리 위로 끌어올렸다. 아침에 나는 문 앞에 콘돔이 붙어 있는 것을 발견했다. 그 안에는 정액처럼 보이는 것이 들어 있었다. 문 앞의 보드판에는 "창녀"라고 대문짝만하게 휘갈겨져 있었다. 어쩌면 "잡년"이었는지도 모르겠다. 정의만 기억날 뿐 정확한 단어는 기억나지 않는다. 콘돔 안에 들어 있는 것이 불분명했던 것처럼.

며칠 뒤 캠퍼스를 가로지르고 있을 때 신입생에게 작업거는 것으로 명성이 자자한, 내가 한 번도 만난 적이 없는 카일의 사교 클럽 형제 중 한 명이 내 앞에 섰다. 담쟁이 넝쿨로 뒤덮인 건물 앞의 잔디밭을 건너갈 때였다. **너 똥구멍으로 하는 거 좋아한다며?** 그가 말했다. 나는 침묵했고 그에게서 벗어나려고 움직였지만 몸으로 내 앞을 가로막아서 움직일 수 없었다. **내가 하는 것도 좋아할걸.** 외면하고 자리를 뜨자 그는 내가 방금 서 있던 잔디밭에 침을 뱉었다.

나는 아버지에게 전화했다. 전체적인 이야기는 말하지 않고 내 문 앞에 붙여진 콘돔과 카일의 룸메이트와 관계한 것에 대해서만 이야기했다. 그는 괜찮을 거라 했다. **그 정도로 끝나서 다행이다.** 그가 말했다. **남자애들은 그런 곳에서 정말로 나쁜 짓을 할 수 있거든.** 나는 운이 좋았다.

나는 그날 종일 내 방에서 나가지 않았다. 수업에 들어가지 않았고, 우편함에 배달된 경고장을 무시했다. 나는 내년에 거기에 있

고 싶지 않다는 것을 알았다.

뉴올리언스의 봄은 비가 많이 오지만 아름답다. 나는 수업에 들어가는 것보다 나무에서 떨어지는 나방 유충들을 재빨리 피하면서 캠퍼스 주변을 돌아다니는 데 시간을 더 많이 보냈다. 그것들은 통통하고 귀여웠지만 침은 정말 눈물나게 아팠다.

카일의 부모가 기숙사에 나타났다는 소문을 들었다. 그들은 그가 낙제했다는 것을 알아냈고 그를 끌어내었다. 차 뒤쪽에 그의 짐들을 모두 집어넣고는 어느 누구에게 작별 인사를 할 기회도 주지 않았다. 같은 층에 있는 여자친구 중 한 명에게 안도의 숨을 내쉬었더니 나를 노려보았다. **엿 같은 일이야.** 그녀가 말했다. **다른 누군가의 고통을 즐긴다는 것은.**

학기 말이 되어서 떠나기 전에 등록 상태를 유지하고 싶다면 봄에 빼먹은 수업들을 만회할 수 있도록 여름학기를 들어야 한다는 편지를 받았다. 나는 그것을 던져버렸고 부모님께 학교를 옮기고 싶다고 말했다. 떠나는 것 외에는 선택의 여지가 많지 않았다.

*****

친구들은 폴과 내가 대학에 있는 동안 **동거하는 것**basically married 을 놀려댔지만 우리는 완벽함과는 거리가 멀었다. 특히 나는 전혀 완벽하지 않았다. 어느 날 웨스트체스터에 있는 폴의 집에 있는 동안, 그는 침대 앞의 바닥에 앉아 막내 남동생과 둘째의 비디오게임

을 가지고 놀았다. 둘째와 나는 엎드려서 손으로 머리를 괸 채 지켜보고 있었다. 어느 순간, 둘째는 손을 슬며시 내밀더니 내 엉덩이에 집어넣었다. 나는 화면에서 눈을 떼지 않았다. 어떤 말도 하지 않았다. 무엇을 해야 할지 몰랐기 때문에 아무것도 하지 않았고 그렇게 가만히 내버려 둔 것이었다. 어느 한순간에는 그가 나의 엉덩이를 문질렀던 것을 기억하면서도. 그는 열일곱 살이었다. 한편으로는 우쭐한 기분도 들었으나 그대로 얼어붙어 있었다.

몇 년 뒤 우리는 저녁식사를 하면서 근황을 이야기했다. 폴은 나의 급성장하는 페미니즘을 지지함에도 불구하고 말해야겠다면서, 어느 날 밤 취해서 바닥에 떨어진 나를 일으키려 하자 남자를 필요로 하지 않는 것에 대해 말하며 그에게 소리를 꽥꽥 질렀다고 했다. 나는 그것이 페미니스트는 어떻다고 특징지어버린 사람의 기억인지 혹은 새롭게 자신의 정치철학을 찾은 술 취한 바보의 행동인지 잘 모르겠다. 하지만 어떤 경우든 나는 퍽 기분이 좋지 않다. 나는 쓰레기거나 누군가에게 쓰레기로 기억되는 사람인 것이다.

*****

정당하게 나를 사랑하고 존중하는 누군가와 함께 있다는 것은 내 안에 있는 최고의 것을 끌어내 준다. 그러나 진실은 폴이 내게 준 좋은 것들을 내가 거부했다는 것이다. 내가 그를 사랑한다는 것을—정말로 그렇게 생각하는 것은 남편 외에는 그가 아마 유

일할 것이다―나는 알았다. 하지만 여전히 나는 그에게 막 대하고 있었다. 나는 내가 여러 면에서(예를 들어, 앞서 말한 것처럼 운전 중에 빨아준다든가 하는) 좋은 여자친구라고 확신하지만 그에게 대하는 것과 똑같이 누가 내게 대한다면, 그 재능을 가지고 무엇을 해야 할지 모른다.

그것이 당연한 것이 아니라 재능이라고 생각했던 것이 아마도 문제였을 것이다.

제대로 대우받는다는 것이 뭔가 좀 이상하게 느껴졌다. 마치 관계 속에 있는 것이 아니라 관계는 어때야 한다는 것을 행하는 것처럼 말이다. 여성을 혐오하는 남성에게 있어 이런 종류의 시인은 **여성은 자신을 똥처럼 취급하는 사내를 원한다고 보는** 증거지만 그것 역시 진실이 아니다. 받을만한 가치가 있는 사랑에 직면했을 때 그것을 받아들이기보다는 조롱하는 것이 더 쉽다는 게 진실에 보다 가까운 것이다. 특히 사랑과 관계에서 경험했던 모든 것들이 통제나 멸시 같은 것에 근거했을 때는 더욱 그렇다. 이것이 내가 결국 남편을 가지게 된 이유의 일부이다. 나는 그를 열정적으로 온전히 사랑했다. 그러나 나는 또한 어느 시점에서 그를 사랑하는 것이 좋은 선택이라는 것을 깨달았다. 그렇게 되는 데에는 시간이 좀 걸렸다.

올바니에 있는 아파트에서 이사 나오기 전에―뉴욕으로 다시 돌아간다는 것은, 폴에게는 부모님에게 다시 돌아가서 일자리를 찾는다는 것이었고, 나에게는 친구와 함께 이사 와서 대학원에 지원할 수 있게 해준다는 것이었다―소음을 무서워한 고양이는 가

구 속에 숨어버리거나 난로 뒤로 살금살금 가서 벽 속의 구멍에 들어가 버렸다. 네이드라는 안쪽으로 더 깊숙이 도망갔기 때문에서 어떻게 다시 꺼내야 할지 막막했다. 이사하는 것을 친구들이 도와주고 있었기 때문에 몇 시간이고 벽 속에 숨어있을 거라고 생각했다. 폴이 벽에 기대어 앉았다. 그녀를 부르며, 이따금씩 손을 뻗으며, 특별 간식으로 유혹하다가 마침내는 참치로.

우리는 내가 그녀를 계속 기르기로 결정했다. 그런데 어느 날 밤 룸메이트가 술에 취해 네이드라의 꼬리가 낀 것을 모르고 문을 쾅 닫아버렸다. 꼬리의 대부분은 절단되었고 나머지 부분은 피부가 벗겨졌다. 룸메이트는 자기가 초래한 위해를 깨닫지 못했다. 내가 집에 도착했을 때 아파트엔 피가 낭자했고 나는 나머지 꼬리를 제거하는 수술을 받으러 가기 위해 고양이에게 달려들어야만 했다. 그녀는 그 후 잠시 폴과 있었다.

우리는 결혼하는 것에 관해 이야기했는데 그는 자기 부모네 근처에 살고 싶어 했다. 그는 주부를 원한다고, 나는 생각했다. 내가 지원한 대학원 과정을 물어볼 정도의 관심도 없었다. 그는 조용한 종류의 삶을 원했다. 올리브에 관한 꿈을 꾼 뒤 오래지 않아 우리는 헤어졌다. 나는 그에게 우리가 서로 다른 것을 원한다고 말했다.

나중에 우리는 같이 자곤 했다. 그가 다른 여자를 만나거나 내가 다른 남자를 만날 때에도. 술 한잔 하는 것이나 저녁식사를 같이 하는 것, 우리가 다시 손을 꼭 잡게 되는 것과 여전히 대학 때인 것처럼 서로를 바라보는 것은 어렵지 않았다. 어떤 면에서는 우리

가 같이 지내면 얼마나 좋을까 생각했다.

그래서 몇 년 뒤 그에게 우리가 다시 한 번 시작해도 내게는 놀라운 일이 아니라고 말했을 때 그의 어머니는 내가 아이들을 잘 키울 거라고 절대로 생각하지 않는다고 응수했다. 그것은 내가 일을 너무 많이 할 것이며 기꺼이 전업주부가 되지 않을 거라는 것이었다. 마치 나에게 상처 주기 위한 뭔가를 가지고 잠시 기다려온 것 같이 느껴졌다. 어쩌면 당연한 건지도 모르지만.

그는 자기와 똑같은 것을 바라는—똑똑하고 금발에 예쁜—누군가와 결혼했다. 그는 부모와 같은 동네에 집을 샀고 아이를 둘 가졌다. 행복해 보였다.

그릴드치즈

내가 의식이 없는 동안 성폭행한 바로 그다음 날, 칼은 그릴드치즈 샌드위치와 감자튀김을 사줬다.

나는 그 전날 밤 여동생과 함께 그의 아파트에 갔었다. 거기에 그의 친구들이 몇 있었고 동생도 딱히 할 일이 없었기 때문이었다. 그녀는 저녁에 일찍 떠났고 나는 평소보다 더 빨리 더 많이 취했다. 다음 날 아침, 잠에서 깨자 몹시 당황했다. 부모님으로부터 열 통의 전화가 걸려왔던 것이었다. 나는 알몸이었다.

내가 그에게 데이트 강간에 관해 농담을 던졌을 때 그는 이렇게 쏘아붙였다. **걱정 마, 먼저 입으로 빨아 줄 테니까.**

*****

어디에서 어떻게 칼을 만났는지는 기억나지 않는다. 아마 시내에 있는 술집이 틀림없을 것이라 추측한다. 그는 금융계에서 근무했고, 윌리엄스버그에는 아직 그런 유형이 없었기 때문이다. 그를

무척 좋아했는지도 기억이 잘 나지 않는다. 그렇다고 그것이 당시의 내 취향이나 마음가짐에 대해 많은 것을 말해주는 것은 아니다.

칼은 아주 잘 생기거나 특별히 매력적인 면은 없었지만 유머 감각이 상당했고 당시 나는 지루해서 데이트를 많이 하고 있었다. 그래서 귀에 눈에 띄는 검은 모공을 가지고 있고 침대에 있을 때 다소 역겨운 것들—땀과 주근깨투성이—을 발견했어도 그와 계속 만났다.

강이 내려다보이는 맨해튼의 고층 건물에 있는 그의 집에서 밤을 보낼 때마다 그는 집으로 가는 택시 요금을 주었다. 내가 필요한 것보다 종종 더 많이 줬는데 나는 그것을 신사답다고 생각해야 할지 아니면 매춘부 같은 느낌이 들게 만든다고 해야 할지 도통 이해할 수 없었다.

그는 나를 보러 브루클린에 딱 한 번 왔었는데 인턴으로 함께 있는 여자와 그녀의 남자친구와 함께 사용하려고 이제 막 임대한 로프트를 보기 위해서였다. 2002년 윌리엄스버그에 있는 다른 훌륭한 로프트처럼 그 집은 크고 불법이었다. 나는 한 달치 임대료를 현금으로 가져와서 우리가 이사 오기 전까지 절대 다시 보지 않을 건물 관리인에게 "계약금"으로 줬다. 그런 뒤 침실 벽을 만드는 데 가외의 비용을 지불해야 했다.

나는 동네에서 제일 좋아하는 술집에 칼을 데려갔다. 베드퍼드 가에 있는 곳이었는데 그는 빨리 뜨고 싶어 했다. **기괴했어.** 그가 말했다. 무슨 뜻이냐고 물었을 때, 그는 우리가 그 술집에서 유일한 백인이라서 "가난뱅이 백인cracker"처럼 느껴졌다고 했다. 나

는 그것이 사실이 아니라는 것을 확신하며, 어떤 경우든 그런 것에 주목하는 것은 정말 이상한 일이라고 생각했다. 나는 그 누구에게 서도 도무지 역설적이라고 할 수 없는 방식으로 "가난뱅이 백인"이라는 용어를 사용하는 것을 들어본 적이 없다.

그 후 우리는 말을 하지 않았다. 몇 달 동안일 거라고, 나는 생각한다. 얼마나 오래였는지는 모르겠다. 내가 아는 것은 작은 파티가 열린다며 아파트에 오라고 초대했을 때까지 한동안 그를 보지 않았다는 것이었다.

그날 밤 그의 집에 있던 다른 유일한 파티 손님은 소규모의 남성 친구들이었는데, 그들에게 내가 양성애자라고 말했다는 것을 알았다. 사실이 아님에도. 내 여동생은 그들이 말하는 것을 듣고 당황해서는 나에게 와서 실제로 양성애자인지, 어떤 이유로 자기에게 말하지 않겠다고 결심한 것인지 물었다. 그가 방금 지어낸 얘기가 그의 친구들에게 좋은 안줏감이 되는지 궁금했다. 금융가 형제가 윌리엄스버그의 페미니스트와 데이트한다! "양성이 가능한" 것이 매력을 더할 수 있을 거라고, 나는 짐작했다.

보통 나는 주량을 조절할 수 있지만 얼마나 마셨는지는 기억하지 못한다. 하지만 동생이 떠난 것을 알았고, 나는 거기 있겠다고 했으며, 그런 뒤 칼이 내 옷을 벗기는 것을 알아차렸다. 한 마디로, 달콤하다고 생각했다. 내가 너무 많이 마셔서 스스로 할 수 없기 때문에 그가 나를 침대에 눕히려고 옷을 벗기고 있는 것이라고.

그다음에 무슨 일이 벌어졌는지는 많이 알지 못한다. 내가 아

는 것은, 그가 내 위에 있다는 것을 깨달았을 때 뭐 하고 있는 것이냐고 물었던 기억이다. 그리고는 아무 기억이 없다. **하지 마**라고 했는지, 아니면 **좋아**라고 말했는지, 혹은 아무 말도 안 했는지 잘 모르겠지만, 내 상태로 볼 땐 어느 것이든 다 있을 법한 일이었다.

그때 화가 났었다는 것을 나는 알고 있다. 다음날 오후에 일어났을 때—낮 2시까지 잤다—나는 그에게 그가 의식을 잃은 누군가와 섹스를 하지는 않을 사람일 거라고 말했다. 그런 말을 할 때조차도 취해있었다는 것을 나는 알고 있다. 나는 농담 삼아 말했다. 조롱하며 비꼬는 듯한 식으로 **음, 그거 데이트 강간 아냐?**라고. 왜 그랬는지는 확실하지 않다. 그것이 그가 미소 지으며 내게 우선 외식부터 시켜주겠다고 약속했던 때이다.

그러고 나서 나는 내가 의식이 없는 동안 섹스하려고 했는지에 대해 말했고, 그가 할 수 있는 것은 내가 전날 밤의 알코올을 조금 흡수할 수 있도록 주문 배달하는 곳에서 그릴드치즈와 감자튀김을 주문하는 것이 다였다. 나는 음식이 오기를 기다렸고 떠나기 전에 먹었다는 것을 알고 있다. 부모님께 걱정 끼쳐서 죄송하다는 전화를 걸었다는 것을 알고 있다. 집에 도착했을 때 울었다는 것을 알고 있다.

나는 이것을 폭행이라고 절대 부르지 않았다. 왜 그랬는지는 정말 모르겠다. 페미니스트 작가로서 나는 다른 이들에게 자신들에게 벌어졌던 일을 정확히 말해야 우리의 이야기가 불가피하고 논쟁이 불가능한 방식으로 드러내질 수 있다고 북돋아왔다. 그리

고 나는, 그때를 인식하면서, 무의식에 있는 누군가에게 성기를 삽입하는 것은 정의상 강간이라는 것을 깨달았다. 비록 그 사람과 이전에 섹스를 했더라도 말이다. 나는 단지 그것을 절대 강간이라고 부르고 싶지 않았던 것이다.

진실은, 그때 벌어졌던 이런 일이, 그것을 뭐라 부르고 싶건 간에, 내게 지속적인 영향을 주지 않았다는 것이다. 그게 나는 이상하다고…… 느꼈다.

그것은 그럴 거라고 예상했던 식으로 나를 파괴하거나 나라는 존재를 바꾸지 않았다. 나는 여전히 칼이나 그날 밤에 대해 생각하지 않았다. 나는 그 일에서 마음의 상처를 받지 않았다. 나에게 일어났던 일들, 나에게 상처를 주고 손상을 끼친 일들이란 면에서 볼 때, 그 일은 지하철에서 내 청바지 뒤에 사정했던 낯선 사람들보다 더 하단부에 등재되어 있었다. 이유는 모르겠다.

나의 수치스러운 불확실성이 내가 침해당할 수 있는 사람처럼 느끼지 않았다는 사실과 관련이 있을 수 있다는 것을 알고 있다. 왜냐하면 당시 나는 나 자신을 하나의 인격체로 거의 여기지 않았기 때문이었다. 나는 술집과 일자리와 우정을 들락날락했던 것만큼이나 자주 관계를 들락날락하며 방황하고 있었다. 음악을 들으면서 지하철을 타서는, 귀에 헤드폰을 꽂은 채 지하철 터널을 걸어가는 소녀에 관한 영화를 보고 있는 것이라고, 스스로에게 이야기했던했던 것을 나는 기억한다.

나는 분명해지고 싶었다. 내 정치철학이 그것을 요구했고 그

렇게 하지 않음으로써 모든 면에서 비판에 노출된다는 것을 알았기 때문이다. 어떤 젊은 여성이 그것과 똑같은 이야기를 내게 한다면 나는 그것을 무엇이라 부르는지 주저하지 않으리라는 것을 나는 알고 있다. 그런데 왜 나 자신에게는 똑같은 예의를 허용하지 않는지 이유를 모르겠다. 어쩌면 단지 성폭력의 중재자처럼 느끼는 것에 지쳤는지도 모른다, 나 자신에게조차도.

대학에서 강연을 마치고 나면 강간 혐의를 받은 남자들이 내게 와서 일종의 면죄 선언을 기대하면서 자기들이 한 것이 강간이 아니라고 말해주기를 바랐다. 나는 그 자리에 없었고 아무것도 모르는데도.

미드웨스턴대학에서 강연을 마친 후에 열린 행사장으로 따라온 한 젊은 남자는 누군가에게 뭔가 중요한 것에 대해 거짓말하는 것—그게 무엇인지는 말하지 않았다—의 여부에 관해서 내가 그에게 답을 줬고, 거짓으로 섹스하는 것은 강간이라고 주장했다. 친구를 위해서, 라고 그는 말했다.

나는 **거기에 대해 답할 수 없다**고 답했지만 그는 받아들이지 않았고, 심지어 더 이상 이야기하고 싶지 않다고 말했을 때도 계속해서 방 주변까지 따라왔다. 그것은 그가 묘사했던 실제 상황보다 내게 그의 질문에 가능한 대답이 뭔지에 대해 더 많은 것을 말해줬다.

또 다른 남자는 자기가 강간을 하지 않았는데도 강간 유죄판결을 받은 후 이전에 다니던 학교에서 쫓겨났다고 말했다. 줄 게 아무것도 없는데도 내게서 뭔가를 원하는 이런 남자들, 이런 잠재

적 강간범들에게 무슨 말을 해야 할지 모르겠다.

나는 칼을 다시는 보지 않았다. 그의 아파트에서 그릴드치즈
와 감자튀김을 먹고 떠난 이후 우리는 전혀 말을 하지 않았다. 그
날도 그는 내게 택시비를 줬다. 나는 그것을 받았다.

윌리엄스버그

크리스마스에 반지를 주지 않았을 때 나는 끝났다는 것을 알았다. 론은 내게 그것을 대략 눈치채게 했다. 그는 매주 내 반지 사이즈에 대해 물어왔는데 나는 그게 이상하다고 생각했다. 왜냐하면—거의 2년간 바람을 피우고 있으며 마약 문제가 있다고 확신한—이 남자가 프러포즈한다는 생각이 불가능해 보였기 때문이었다. 그래서 나는 약혼반지를 기대하고 있지 않았다. 전혀.

2004년에 야비Yabby라는 포장마차에서 론을 처음 만났다. 그 술집은 브루클린의 베드퍼드 가에 있었는데 지금은 그저 그런 식료품점이 되었다. 그곳에 갔을 때 나는 취해 있어서 우리가 어떻게 이야기를 시작했는지 기억나지 않는다. 아마 담배를 한 대 빌렸을 것이다. 거의 분명히 그랬을 것이다.

친구 로리와 나는 우리가 함께 시작한 웹사이트의 성공을 축하하기 위해 거기에 갔고, 론과 그의 친구들에게 다음날 밤에 그 사이트의 축하 파티를 여는 것에 관해 이야기했다. 우리는 그리 오래 대화를 하지 않았기 때문에 다음날 밤 그가 친구들과 함께 나타

낯을 때 깜짝 놀랐다.

론은 190센티미터에 어깨가 넓었으며 푸른 눈을 가지고 있었다. 나는 당시 그가 잘 생겼다고 생각했지만 다소 기름진 긴 머리를 뒤로 넘겨 묶은 것 때문에 좀 머뭇거렸다. 그는 내게 페미니즘과 그가 하고 있는 디자이너로서의 일에 관해 이야기했고 점점 더 마실수록 내게 무지막지하게 추파를 던졌다. 나는 그날 밤 "부시에게 손가락을"[give bush the finger, 부시는 과거 텍사스 주지사 시절 TV 인터뷰가 시작되기 직전 카메라를 뚫어지게 쳐다보더니 느닷없이 가운뎃손가락을 치켜들었다. 2000년 공화당 대선후보 출마를 선언한 직후 이 동영상이 문제가 되면서, 이것을 패러디한 동영상과 사진들이 유포되었다]이라고 쓰여진 "정치적" 팬티를 입고 있었는데 점점 술기가 오르면서 몰래 치마를 들어 올려 그에게 사진을 몇 장 찍게 했다. 내 아파트로 돌아갈 무렵은 새벽 네 시였다. 거의 걸을 수도 없었다. 그가 가방에서 코카인을 꺼냈을 때, 나는 몇 년 전에 끊었지만, 훌륭한 생각인 것 같았다.

약에 취해서 우리는 남부에서 지낸 그의 개떡 같은 어린 시절과 한 남자가 그의 어머니 목에 칼을 들이대는 것을 지켜봤던 소년 시절, 어머니의 마약 문제, 그가 그동안 입 밖에 꺼내지 않았던 배 다른 형제들과 아버지에 관해 이야기했다. 다음 날 아침 일어날 때까지 우리는 섹스를 하지 않았다. 우리가 섹스를 하려 했을 때, 그는 내 속옷을 벗기려고 귀찮게 하지도 않았고 내 뒤에 누워있는 동안 그것을 한쪽으로 잡아당겼을 뿐이었다. 그가 내 위에 올라왔을 때 나는 그에게 머리채가 내 얼굴에 늘어뜨려져서 진지하게 받아

들일 수 없다고 말했다.

그는 하루 뒤에 저녁식사를 하자고 전화했고 나는 다시 농담을 반복했다. **글쎄, 난 정말로 니 긴 머리가 마음에 들지 않아.** 그럼에도 나는 그와 위스 7번가 모퉁이에 있는 와인바에서 만나기로 했다. 그가 나타났을 때 머리는 사라지고 없었다. 그날 오후 그는 직접 머리를 잘랐는데 살짝 웨이브진 적갈색 머리는 바짝 깎여 있었다. 그 태도는 완전히 나를 강타했고, 나는 그가 **담배 사러 갔다 올게**라고 말하고 저녁식사를 하는 동안 30분 이상 사라졌는데도 별로 신경 쓰지 않았다.

우리는 몇 주가 안 돼 사랑에 빠졌고 즉시 동거했다. 섹스는 전에 했던 그 어떤 것보다도 좋았다. 친구들에게 그를 오토바이를 탄 지저분한 에드 번즈[Ed Burns, 미국의 배우 겸 영화감독]에 비유했다. 그렇게 빨리 빠지지 않을 수 없었다.

이웃에 사는 그의 친구들은 대부분 디자인 학교에서 알게 된 젊은 남자들이었다. 그들은 산업 디자인 회사나 구두 회사에서 일했다. 일부는 예술가를 겸하고 있었는데, 주말마다 베드퍼드 가에서 자신들이 그린 그림을 팔고 있었다. 그들은 모두 론보다 어렸고 그를 숭배했다. 그는 분명 무리 중에서 가장 똑똑하고 재능이 있었으며, 종종 코카인을 몇 줄 흡입한 뒤 토론할 때는 카리스마를 뿜기도 했다. 우리는 방에서 가장 잘생긴 사람은 아니더라도, 가장 매력적이고, 우리가 원한다면 가장 잘 꼬실 수 있는 사람이거나, 맥주 한잔 하면서 누군가를 끽소리 못하게 설득시킬 수 있는 사람이

되는 것에 대한 느낌을 공유했다.

코카인은 변변찮은 마약이 아니었다.

곧, 매일 밤 우리는 코카인과 관련하여—적어도 일주일에 이틀에서 사흘은 저녁부터—외출했다. 그것은 샤워를 하고 화장을 하고 택시를 타는 것만큼이나 일상적인 저녁의 일과였다. 밤 외출을 할 준비가 되면 나는 내 아파트로 코카인 한두 봉지를 가져오는 배달 서비스를 받았다. 론과 술집에서 만나기 전에 소량의 코카인을 우리 집 열쇠 위에 올려놓고 흡입하거나, 저녁식사를 하러 외출하는 경우 식사를 마칠 때까지 기다린 뒤 화장실에서 코로 흡입하곤 했다. 그것은 식사 시 곁들이는 와인에 취한 느낌을 씻어내 주었다. 코카인을 마약 그 자체로서보다는 의식을 잃거나 당황하지 않고 원하는 만큼 술을 마시게 해주기 때문에 좋아했다는 게 진실이다.

그것은 좋은 시간은 아니었지만, 오랜 시간 동안 내가 무언가를 느낀다는 것을 처음으로 맛본 시간이었다.

약에 취해 있을 때 나는 몽롱하다고 느끼는 게 아니라 내가 존재하고 있다고 느꼈다. 정신이 산만해지지 않고도 몇 시간이고 계속해서 사람들과 대화할 수 있었고, 내가 전달하려고 하는 것이 실제로 타당한 데다 심지어 똑똑하게 들리는 것 같았다. 나는 마침내 나 자신에게 너그럽게 말할 수 있었고 내가 하는 일에 자부심을 가질 수 있었다—내가 하는 일이 중요하다고 생각한 것이 아니라 자부심을 가지고 말했다는 것이다. 나는 누구에게서도 굴욕을 당하지 않았다. 멀리 떨어져서 나 자신을 지켜보는 게 아니라 순간 속

에 존재했다. 모든 게 거침 없이 느껴졌다.

우리가 가는 곳마다 론은 친구가 있었다. 그는 모든 바텐더, 모든 마약 거래상, 모든 레스토랑 매니저를 알고 있었다. 우리는 도처에서 단골이었기 때문에 윌리엄스버그를 떠난 적이 없었다. 내 귀여운 친구들을 꼬실 수 있기 때문에 나를 좋아했던 술집 주인들과 안쪽에 있는 방이나 아파트의 위층에서 코카인을 흡입했다. 우리가 제일 좋아했던 레스토랑의 주인과 요리사들이 3번가의 내 아파트에서 열었던 핼러윈 파티에 왔다. 그 아파트는 불법 개조물로 이제는 크레이그리스트에서 만난 두 여자와 공유하고 있었다. 우리는 가끔 태양이 뜨기 전에 맨해튼의 전경을 볼 수 있는 지붕으로 올라갔다. 거기서 아침을 기다리며 꺼져가는 도시의 불빛을 바라보았다.

일은 군더더기 같은 느낌이 들었다. 마약을 한다는 것은 감정적인 평정심을 유지할 수만 있다면 아무도 걱정하지 않을 정도로 충분한 특전이 있다. 내가 정시에 일터에 나타나는 한 나는 "주말 전사"[weekend warrior, 여기서는 주말에만 집중적으로 마약을 하는 사람을 일컫는다]이다. 설령 수요일에 아침 일곱 시까지도 안 자고 있는 것이 또 다른 봉지를 하나 사려는 것일지라도 말이다.

몇 개월 지나지 않은 어느 날 밤, 우리가 섹스하는 동안 론은 자기와 결혼하겠냐고 물었다. 우리는 약에 취해 있었고 새벽 네다섯 시경이었지만 비현실적으로 느껴지지 않았다. 나는 그와 같은 종류의 말에 빈말을 하지 않으려고 **그런 얘기 하지 마**라고 했다. 그는 눈에 눈물이 고인 채 농담하는 것이 아니며 내 남편이 되고 싶

다고 했다. 우리는 그 순간에 대해 다시는 결코 이야기하지 않았다.

우리는 그런 식으로 1년 넘게 지냈다. 맛있는 식사를 했고, 취하지 않고 새벽 네 시까지 마셨으며, 여섯 시 반까지 이야기를 나눴다. 그의 친구인 네드의 아파트 지하실에서 코카인을 흡입하고 또 하고 또 했다. 그곳은 태양이 떠올랐어도 가장 어두웠기 때문이었다. 우리는 그의 친구의 여자친구와, 동네 친구와, 론의 동료 중 한 명을 방문하러 온 덴마크 여자와 스리섬[Threesome, 세 명이 하는 성행위]을 했다. 그의 친구들은 감동했다. 우리는 전통적인 질투를 결여한 것, 진정한 사랑은 이래야 한다며 다른 사람들을 꾸짖는 것에 대해 스스로에게 박수를 쳤다. 그것은 소유욕이 아니었다. 기쁨이 없는 것도 아니었다.

론은 내가 페미니스트에다 똑똑하다는 사실에 자부심을 많이 가졌다. 강간이 그리 흔하지 않다거나 생명이 수정 단계에서 시작한다고 주장하는, 코가 축축한 채 코카인이 뚝뚝 떨어지는 그의 친구들과 내가 토론하는 것을 지켜보는 것을 좋아했다. 그러나 그것이 그에게 적용되었을 때는, 나의 페미니즘은 그가 하고 싶지 않은 것들을 하지 않아도 된다는 변명거리가 되었다. 새벽 세 시에 집에 가는데 데려다 달라고 하면 그는 **난 니가 강한 페미니스트라고 생각했는데**라고 말했다. 타이어 교체에 도움이 필요하거나 가슴에 혹이 생겨 초음파 검사를 받는데 같이 가자고 할 때와 같은 경우 자주 하는 말이다.

나는 코가 무너져 내리지 않을까 걱정되기 시작했다. 일그러

진 내 코를 보면 모든 사람이 내가 밤에 무엇을 하고 있는지 알게 될 것이었다. 나는 오른쪽 콧구멍을 편애했기 때문에 밤의 어떤 시점에는 그만큼 항상 퉁퉁 붓게 되었고 때때로 그와 같은 상태가 며칠을 가기도 했다.

잠자는 것도 불가능하게 되었다. 우리는 거의 천장에 다다를 정도로 커다란 공장 스타일의 침실 창문을 어두운 담요와 시트로 덮었다. 비코딘[Vicodin, 마약성 진통제의 일종]을 삼키고 맥주를 마셔야 마침내 의식을 잃을 수 있었다. 나는 쓴맛을 참을 수 있을 때까지 버텨가며 알약을 혀에서 녹였다. 그리하면 효과가 더 빨리 나타날 거라 기대하면서. 그러나 전혀 그렇지 않았다. 잠에서 깨면, 가끔은 다음날 오후 네 시 혹은 다섯 시에 깨었는데, 숙취가 가라앉도록 피자를 주문하고 영화를 봤다.

나는 이것이 나쁜 생각일 뿐이라는 것, 결국에는 끔찍하기조차 하다는 것을 알았다. 하지만 단기적으로는 모든 것이 다 괜찮게 돌아가는 것 같았다. 아파서 결근한다는 전화를 너무 자주 했지만, 그것은 사실이었고, 친구들이 있었고 재미났으며 사랑에 빠져있었고 내 웹사이트도 정말로 잘되기 시작했다.

론은 내가 주업인 국제 여성 비영리단체에서 하고 있는 커뮤니케이션 업무를 그만두고 블로그에 매진해야 한다고 설득했다. 나는 내 일을 사랑했지만 그것은 쉬운 일이었고 어쨌든 나는 의견을 검토하면서 일과를 보내고 있었다. 그래서 나는 워싱턴 DC에 기반을 둔 여성자율권[Pro-choice, 낙태 허용과 합법화를 찬성하는 입장을

말한다. 반면 프로 라이프Pro-life는 낙태 허용을 금지해야 한다는 입장이다]

협회에 상담직으로 취직했다. 드물지만 재택근무도 허용됐고 한 달에 2천 달러가 지급됐으며 나머지 시간은 블로그를 하거나 론과 함께 보냈다.

그의 잘못에 대한 변명은 예술이 되었다. 나를 위해 열어준 생일 저녁식사를 포함하여 론은 매사에 항상 적어도 30분을 늦었다. 그는 늦는 이유에 대해 어렸을 때 너무도 제어할 수 없는 경험을 가진 이후 자신의 삶에서 뭔가를 제어해야 할 것 같은 필요가 있기 때문이라고 말했다. 택시를 탔는지 열차를 탔는지에서부터 왜 또 다시 나를 바람맞혔는지에 이르기까지 모든 것에 대한 거짓말은 신뢰의 문제를 낳았다.

어느 날 밤 나는 복부에 끔찍한 고통이 와서 잠에서 깼다. 고통은 가시지 않았다. 나는 론에게 응급실에 데려다 달라고 부탁했지만 론은 자기도 정신이 너무 몽롱하다고 말했다. 그래서 나는 어머니에게 전화를 걸어 데려다 달라 했고 론은 샤워를 마치자마자 택시를 타서 곧 따라오겠다고 했다. 그는 그날 밤 전화나 문자에 응답하지 않았다. 다음 날 아침, 난소의 종양이 파열됐다는 진단을 받고 마침내 집에 왔을 때 그는 잠자고 있었다. 나는 나중에 어머니에게 그가 오지 않았던 이유에 대해 병원을 두려워하기 때문이라고 말했다. 어렸을 때 엄마가 병원에 자주 실려 가는 것을 보았기 때문에 누가 거기에 있는 것을 견딜 수 없었을 거라고.

그러나 나는 또 다른 밤을 기억한다. 택시에서 그의 어깨에 기

대고 잠들었을 때 그는 내 얼굴을 손으로 감싸고 뺨과 이마 곳곳에 부드럽게 키스하기 시작했다. **사랑해.** 그가 말했다. 내게 베스파[Vespa, 이탈리아제 스쿠터]와 같은 기계는 타는 법을 쉽게 배울 수 있다며 확신을 줬던 스쿠터가 거리에서 충돌 사고를 일으켜 팔과 다리 피부가 전부 다 까지고 엉덩이는 골절된 적이 있었는데 그는 5분도 안 돼 집에 와 있었다. **우리 애기, 불쌍한 애기**를 반복하면서. 그는 차에서부터 안경까지 어떤 것이든 수리할 수 있었고, 누구든지 매혹시킬 수 있었다. 한밤중에 그의 오토바이 뒷자리에 탔을 때 하늘을 쳐다보며 나는 이것이 인생에서 느껴야 하는 것이라고 생각했다. **이것이 사람들이 느끼는 것이라고.**

하지만 크리스마스 날 아침에 부모님 앞에서 다이아몬드 모양이 디자인된 **납작한 은반지**—마치 진짜 다이아몬드 반지인 것처럼 그림자가 드리워졌는데 누군가 거기다 고리를 만든 것 같았다—가 들어 있는 반지 상자를 열었을 때 나는 끝났다는 것을 알았다. 그것이 상징하는 바는 무척이나 당혹스러웠다. 그것은 소품용 반지였고, 조롱이었다.

게다가 우리의 파티가 내가 떨어져 나가거나 끝이 보이지 않는 상태로 남거나 하는 것과 같은, 뭔가 다른 것으로 오래전부터 바뀌고 있었다는 게 더욱 분명해지고 있었다.

새해 전날, 론은 내 아파트에서 연 파티에 소규모의 친구들과 함께 마약 중개상을 초대했다. 태양이 떠오를 때 우리는 침실에 있었다. 두꺼운 책으로 침대 위를 평평하게 균형을 맞춘 뒤 코카인을

늘어놓았고 이불에는 봉지들이 여기저기 어질러져 있었다. 나는 광대처럼 보일 때까지 뺨을 계속해서 붉게 칠했는데, 그날 밤부터 아침에 이르기까지 찍은 사진을 보고 난 뒤에서야 그 사실을 알아차렸다. 파티는 새벽 여섯 시에 끝났고, 론과 얼마 떨어져 있지 않은 거리에 있던 마약상은 그와 한 번 하게 해주면 내가 원할 때마다 코카인을 공짜로 주겠다고 했다. 어쩌면 두 번.

나는 나중에 론에게 섬뜩했다고 말했지만 그는 마치 세상에서 가장 기대했던 것인 양 대수롭지 않다는 식으로 어깨를 으쓱했다. 그는 그것을 정말로 재미있다고 생각했다.

우리는 서로 만나는 것은 그만뒀지만 잠은 계속 잤다. 어떤 종류의 공식적인 이별도 없이 서로의 삶을 넘나들었다. 나는 마약을 끊었고 그 역시 끊을 수 있는지 물었다. 그는 동의했다. 몇 주 뒤 그의 청바지 주머니에서 찾아낸 빈 봉지들을 가지고 대면했을 때 그는 정말로 코카인을 끊을 필요가 없다는 것을 알고 있지만 자기가 끊었다는 **느낌**을 내가 필요로 했으며 그 자체가 나를 행복하게 해준다는 것을 알고 있다고 말했다. 그 일이 있은 바로 뒤에, 어느 날 아버지는 나를 따로 불러서 이렇게 말했다. "20대에는 네가 하고 싶은 대로 그냥 하면 돼. 하지만 서른이 가까워지면서는 네 정체성이 되는 것을 시작해야 해. 그리고 거기에는 네가 영원히 되고 싶지 않은 것들도 있게 마련이란다."

나는 첫 책 계약을 체결하고 몇 달 이상의 임대료를 지불하지 않아도 될 정도의 적절한 선금을 확보할 수 있어서 브루클린을 떠

났었다. 그런데 우리 건물의 새 주인이 건물을 고급 콘도로 바꾸려고 세입자들을 내쫓기 위해 혈안이 돼 있었고 내가 살던 곳도 인수되었다. 나는 뉴욕의 우드스톡에 있는 부모님 집으로 옮겨갔고, 첫 책 원고를 완성하고 출간을 기다릴 때까지 9개월을 거기서 살았다.

그때부터 사람들은 내게 약물, 특히 마약 끊는 법을 물었다. 나도 모른다는 게 진실이다. 그러나 살 만한 좋은 집이 있고 좋아하는 일이 있을 때 훨씬 더 쉬워진다고 확신한다. 아버지가 말하듯이, 그것은 사막에 도랑을 파는 것처럼 어려운 일이 아니다. 내게는 그게 너무 쉬운 게 이상했다. 나는 가끔 궁금하다. 만일 내가 환각상태에서 전혀 빠져나오지 못하고 여전히 거기에서, 기다리면서, 있다면 어땠을까.

몇 년 전까지 나는 손바닥이 땀에 젖지 않고서는 윌리엄스버그를 통과하는 운전조차 할 수 없었다. 여전히 연락처 밑에 "코크"[Coke, 코크에는 콜라와 코카인 두 가지 뜻이 있다]라는 이름으로 저장되어 있는 내 오래된 마약상에게 얼마나 전화하고 싶은지 몰랐다. 거의 10년 가까이 되었고 동일한 번호를 아직도 쓰고 있을 거라 상상할 수도 없는데 왜 그것을 여태 지우지 않는지 모르겠다. 연락처에서 C로 시작하는 이름 밑에서 그 이름과 번호를 볼 때도 나는 삭제하지 않았다. 그와 철저하게 다른 삶—혹은 반대되는 삶—을 살고 있다는 것이 왠지 나를 편안하게 해주기 때문일까.

론을 본 마지막 날에 나는 다시 데이트를 하고 있었다. 나는 조금은 다른 남자들을 만나고 있었다. 오전 여덟 시에 일어나 일하러

가고 저녁에 맥주를 몇 병 마시는, 그리고 그것을 "하루"라고 부르는 남자들이었다. 정상적인 남자들. 안정적인 남자들. 내가 전화했을 때 전화를 받고 정시에 데이트 장소에 나타나는 남자들. 한 명은 너무도 정상적이라 걱정돼서 친구에게 **그는 항상 모든 것을 상의하고 싶어 해**라고 말한 것을 기억한다.

그의 침대 위에 있는, 우리가 처음 만난 이후부터 거기에 있었던, 더러운 옷더미 옆에서 섹스를 한 후 그와의 거리감이 뚜렷해진 게 틀림없다. 집에 가려고 문 쪽으로 걸어가기 시작했는데도 그는 여전히 벌거벗은 상태였다. **난 우리가 같이 살 준비가 되었다고 생각해.** 그가 말했다. 6개월 전이었다면—우리가 함께했던 것이 단지 약으로 인한 몽롱한 상태가 아니라 현실이라는 어떤 종류의 인식을 했으므로—이게 내가 원하는 모든 것이었을 것이다. 하지만 그 순간 불현듯 너무 잔인하다는 생각이 들었다. 단지 몇 개월 더 나와 관계를 지속하려는 방법이라는. 내가 어떤 반응을 보였는지, 복도에서 정확히 어떤 말을 했는지는 기억이 나지 않는다.

D

옳은 일을 한다는 것은 내게 결코 쉬이 오지 않았다. 나는 양심의 가책 없이 어김없이 거의 모든 내 남자친구들을 속였다. 툴레인대학을 다니던 1학년 때 낙제한 것에 대해 부모님에게 거짓말했고, 진실을 가지고 그들을 실망시키기보다는 편입하고 싶다고 말하는 것을 선택했다. 나는 옳고 그름이 흑과 백은 아니라고 믿는다.

그래서 결혼한 친한 친구가 나와 섹스하고 싶다고 암시했을 때 나는 내가 우쭐해하지 않는 것에 놀랐다. 그런데도 나는 기분이 좋다고 그에게 말한다. 나의 페미니스트적인 허세에도 불구하고 나는 "아니"라고 말하거나 실망시키는 것을 싫어하는 부류의 사람이다. 나는 사람들이 나를 정말로 좋아해 줬으면 좋겠다.

길거리에서 낯선 사람이 성적으로 충격적인 것을 말할 때, 우리는 그에게 욕을 퍼붓거나 가던 길을 계속 걸어갈 수 있다. 하지만 그게 내가 주최한 브런치에서의 누군가일 때는 선택지가 별로 없다. 내가 좋아하는 아내의 누군가라면, 내 딸과 함께 노는 아들의 누군가라면. 남편의 친구라고 자칭하는 누군가라면.

그래서 D가 거의 반년 전에 저자 사인회 행사장에서 나와 함께 있고 싶다는 강렬한 욕망을 느꼈던 순간이 있었다는—게다가 그때 이후로 그 느낌이 계속 자신을 사로잡고 있다는—메시지를 보냈을 때 뭐라고 말해야 할지 몰랐다. 설상가상으로 그는 그 얘기를 내가 앰비엔[Ambien, 수면제]을 복용하고 나서 30분 뒤에 말했다. 화면은 약간 흐릿했고 내가 읽고 있는 것이 내가 진짜로 읽고 있는 것인지도 헷갈렸다.

그러나 나는 그가 말하고 있던 순간은 분명히 기억한다. 나는 배꼽티에 허리선이 높이 올라간 치마를 입고 있었고, 그래서 허리 위쪽이 살짝 보였다. 나는 외출한다는 것이 기뻤고, 레일라는 그날 밤 보모와 함께 보내고 있었기 때문에 앤드루와 나는 우리가 그렇게 잘 아는 곳이 아닌 도심지에서 즐거운 밤을 보낼 수 있을 거라는 게 기뻤다.

파티에 몇 가지 술이 나왔다. 나는 담배를 피우려고 D와 함께 슬쩍 빠져나왔다. 반쯤 펴서 축 늘어진 담배[limp cigarette, 발기할 수 없는 남성의 성기를 표현하기도 한다]는, 정말로, 결혼한 지루한 사람들의 비행을 지속시킨다. 우리가 이야기하는 동안 그는 손을 잠시 내 허리의 노출된 부분에 올려놓았다. 그는 서 있어야 하는 곳보다 더 가까이 서더니 우리가 종종 담배를 피우러 슬쩍 빠져나와야 한다고 말했다. 그는 늘 집적거렸다. 이보다 몇 개월 전에, D가 술 취하면 내 가슴을 계속 쳐다본다고 앤드루에게 말했을 때 그는 내가 상상하고 있다고 생각했다.

당신은 모든 사람들이 당신의 가슴을 보고 있다고 생각하잖아!라고 그는 농담을 했다. 이것은 사실이다.

D는 자신의 분야에서 잘 알려져 있는 잘생긴 사람이다. 그러나 그는 성적 매력이 줄줄 흐르는 사람은 아니다. 나는 조금의 관심도 없었다. 그럼에도 그 행사가 끝나고 오래 지나지 않아 온라인으로 내게 메시지를 보내기 시작했을 때 그에게 그만하라고 말하지 않았다. 메시지는 행사장에서 내가 입었던 드레스에 대한 간단한 말부터 시작되었다. "가장 매력적으로 보이는 법".

어떤 식으로든, 기적적으로, 자기 파괴적인 내 성향은 이겨내지 못했다. 나는 앤드루에게 그 메시지에 관해 말해버렸다. 그는 달갑지 않으나 그 유혹의 표현은 충분히 순수하다며 그것을 그의 집적거리는 특질로 볼 수 있을 거라고 말했다. 그게 뭐 대수라고! D는 술 취하면 다른 사람을 자꾸 만지는 부적절한 아저씨 혹은 친구. 그것은 앤드루와 나 사이에 농담이 되었다.

진실은 우리가 그를 좋아했다는 것이다.

우리는 아이들을 가진 친구가 있는 게 좋았다. 우리는 보스턴에 친구가 있는 게 좋았다. 이런 방법이 더 쉬웠다. 그가 좋아하는 내 사진에 대한 메시지를 보내든 아니면 마구잡이로 칭찬을 보내든 나는 주제를 바꾸려고 노력했다. 그의 아내는 어떤지 물었다. 다음 주에도 저녁식사에 올 것인지 물었다. 나는 즐거운 척했다. 심지어 고맙다는 인사까지 했다.

그러나 그가 내게 원하는 것을 처음으로 결정한 순간에 대해

말할 때 나는 무서웠다. 그가 내게 뭔가 다른 것을 원한다는 것은 자기 욕구를 만족시키겠다는 것과 같았다. 나는 그 메시지를 읽자마자 지워버렸다. 마치 삭제하면 그 메시지가 비존재물이라도 되는 것인 양. 그런데도 나는 그에게 꺼지라거나 그만하라고 말하지 않았다. 나는 과찬이라고 썼지만 그가 말하고 있는 것은 위험했다. 우리 가족들은 친구였다. 같은 날 저녁에 그 메시지를 보내기 전 그는 앤드루와 내게 이메일을 보냈었다. 다음 주말에 그의 집에서 하는 저녁식사에 치즈케이크를 가져오라고.

나는 그날 밤 앤드루에게 말하지 않았지만 잠을 잘 수 없었다. 그래서 수면유도제로 인해 내가 무심코 전달했을지도 모르는 것을 바로잡기 위해 아침에 D에게 보다 분명한 메시지를 썼다. 남편에게 숨기고 싶지 않다고. 당신 아내와 잘 지내고 싶으며 엉망인 기분으로 있고 싶지 않다고. 그는 당시 술에 취해 있었으며 모욕당해도 싸다고 누누이 사과했다. 나는 그를 믿지만 만약 내가 다르게 대답했어도 그가 그렇게 말했을까 여전히 의아했다. 그럼에도, 너무나 부끄럽게도, 나는 그가 조금 더 편안하게 느낄 수 있도록 하고 싶었다. 난 괜찮다고 했다. 나는 그것을 주정뱅이의 칭찬으로 여기며 이 정도에서 정리할 것이라고 했다. 나는 칭찬받았다고 느끼지 않았다. 나는 사람들이 나를 정말로 좋아해 줬으면 좋겠다.

나는 앤드루에게 말해야 할지 여러 날 고투했다. 말하는 것이 옳은 일이라는 것을 알지만 또한 그것은 친구를 잃는 것을 의미하는 것이고 나는 소란을 야기하고 싶지 않았다. 그가 어떻게 생각할

지 두려웠다. 그러나 여전히, 잠을 잘 수 없었다.

내가 왜 그렇게 고민하는지 나는 이유를 알아낼 수 없었다. 그는 사과했고 나는 관심이 없었다. 그쯤에서 끝낼 수 있었다.

그런데 D가 이 일은 자기가 취했거나 속마음을 털어놓기 위해서가 아니라 내가 틀림없이 마음을 열어놓고 들을 거라 생각했기 때문이라고 했다. 어쩌면 내가 같은 식으로 대응했기 때문인지도 모르겠다. 그는 내가 온라인에서 야한 이야기를 하는 부류이며 그러고 나서 며칠 뒤 자기 집에 진짜로 치즈케이크를 들고 나타나 아내에게 선물로 주는 사람이라고 믿었던 것이다.

그래서 결국 앤드루에게 말했을 때, 나는 울음을 멈출 수가 없었다. 몇 날 며칠을 말하려고 기다린 게 속상해서도 아니고, 그에게 말함으로써 친구를 잃는다는 것을 알기 때문도 아니었다. 서른세 살이나 먹었는데도 남자들이 나를 옳은 일을 하는 게 쉽게 되지 않는 부류의 사람으로 보고 있다는 느낌에서 벗어날 수 없었기 때문에 울었던 것이다.

그들이 거리에서 혹은 술집에서 혹은 트위터 메시지를 통해 내게 접근하는 이유가 그것 때문이었다. 그들은 나를 최악의 버전으로 보고 있었다. 그 버전은 존재하지 않으려고 열심히 작동하거나 아니면 적어도 너무 자주 드러내서는 안 되는 것이었다.

나는 D의 첫 번째 메시지—드레스나 사진과 관련된, 겉보기에는 악의 없는 것들—에 놀라지 않았다는 것을 깨달았다. 왜냐하면 남자들과 소통하곤 했던 주요 방식이 일종의 희롱과 같은 형태

를 통해서였기 때문이다. 그들이 내게 그러한 것들을 말하는 즉시 잘못되었다거나 비정상적이라고 느끼지 않았다. 남자들이 말하는 것들이 그런 것들이었기 때문이다. 그리고 나는 처음으로 남자를 경험하고 그렇게 오래 지난 뒤에서야 그의 욕망이 나의 위안을 능가한다는 것을 분명히 했다는 것을 믿을 수 없었고, 아직도 그것을 받아들이고 있었다. 내게 약간의 희망을 주는 유일한 것이 있다면 남편에게 나를 역겹게 하고 저질스럽게 만드는 방식들에 대해 이야기하고 있다는 점이다. 그렇게 저질스러운 것들을 말한 사람은 내가 아님에도 불구하고.

나는 D에게 같이 술을 마시자고 했다. 그리고 내 생각에 그가 삶을 통째로 날려버리고 있는 것 같다고 말했다. 엮이고 싶지 않는 한, 사이가 틀어지는 것을 원하지 않는 한, 무척 가까운 사람에게 이와 같은 것은 해서는 안 되는 말이다. 그는 일과 삶에서 받는 스트레스에 관해 말했다. 나는 그것이 나에 대한 것이 정말로 전혀 아니었다는 것을 알게 되었다. 그의 메시지가 1마일 떨어진 곳에서 나의 도덕적 애매성을 냄새 맡으려는 것과 아무런 관련이 없다는 것은 내게 위안을 줬다.

그럼에도 불구하고, 나는 끔찍한 짓을 한 것 같은 느낌이 들었다. 내가 옳은 일을 했다는 보다 엄연한 진실이 아니라 모두를 위해서 마치 D를 배신한 것 같은 느낌이었다.

수십 년의 인생과 페미니즘의 길을 걸어온 후에도, 나는 여전히 어떻든 내 일이 어떤 희생을 치르더라도 남성들을 보호하는 것

이라 믿는다. 그렇게 하지 않는 것이 우리 가족에게 비밀을 유지하는 것보다 훨씬 더 큰 범죄라고 믿는다. 옳은 일을 하는 것은 내게 결코 쉬이 오지 않는다.

익명

익명의 남자가 내게 꺼지라거나 잡년이라고 언제 처음 말했는지는 기억나지 않는다. 내가 블로그를 시작한 2004년에는 소셜 미디어가 본격적으로 활발하지 않았던 때라 아마 이메일로였을 것이다. 블로그를 시작한 몇 년 뒤에 한 남자가 우리를 강간하고 가슴을 잘라버리겠다고 썼을 때 연방수사국FBI에 처음으로 전화를 건 것은 기억한다.

그의 진짜 이름이 뭘까 생각했던 것도 기억한다.

이런 부류의 남자는 인터넷을 하기 전부터도 늘 익명이었을 거라 추측한다. 지하철에 있던 남자들, 차를 타고 있거나 거리에서 소리치던 남자들, 내 친구 크리스틴이 팔과 어깨가 드러나는 여름용 원피스를 입은 무더운 날, 그녀의 노출된 등을 찍다가 걸린 남자. 경찰들은 그녀에게 자기들이 할 수 있는 것은 아무것도 없다고 말했다. 공개적으로 사람의 신체를 찍는 것은 불법이 아니라는 것이었다. 비록 그들이 그 사진을 가지고 나중에 수음하는 데 사용할 계획이더라도.

우리는 그들이 누구인지 혹은 얼마나 위험한지 혹은 그들이 정말로 무엇을 원하는지 모른다. 우리는 잘 모르지만, 그들이 밤에 가족이 있는 집으로 갈 거라고 추정한다. 아이들과 아내, 어머니가 있는 가족으로. 사람들이 있는 가족으로.

사춘기 때, 거리에서, 나는 어떻게 행동해야 하는지를 빨리 배웠다. 어떻게 반응해야 하는지를. 나는 이것이 뉴욕 시에 사는 소녀들만 배운다는 것을 믿지 않지만 그 과목에 있어서만은 우리가 선행학습을 하는 학생들이라고 상상할 수 있다. 나는 몇 시인지, 어느 거리에 있는지, 주위에 사람들이 얼마나 많이 있는지에 근거해서, 학교 가는 길에 남자가 아니나 다를까 나에게 섹스하고 싶다고 말할 때 뭐라고 말해야 하는지 알았다. 여자들은 이 감정이 항상 청각적으로 표현되는 것은 아니라는 것을 안다. 남자들은 말하지 않고도, 단지 소리와 손짓, 얼굴의 표현만으로도 그것을 본 뒤 하루 종일 우리를 뒤따라 다니는 것을 말할 수 있다.

말대꾸하는 것은 전략적 게임이 된다. 안전한지, 주위에 사람들이 충분히 있는지, 당신이 말대꾸하고 싶은 남자가 당신을 따라오거나 폭력적이 되려고 결심한다면 그 사람들이 개입할 정도로 관심이 있는지 알아내는 것이다.

나는 소심해지고 예민해졌으며 자신이 없어지기 시작했다. 나는 고개를 저으며 눈살을 찌푸리고는 반대편으로 걸어가거나 그들의 시선을 피했다. 나는 더욱 빨리 걸었다.

그들이 따라오면 식료품점에 들어가거나 현관 입구의 계단 위

로 올라갔다. 마치 집에 가는 것처럼, 그리고 거기 반대쪽에서 누군가 나를 기다리고 있는 것처럼. 그게 오래 계속될수록 나는 점점 더 화가 났다.

나는 그들에게 창피를 주려고 했다. 그들의 어머니나 누이들에게 이런 짓을 하는 것을 말하느냐고 물었다. 가끔은 그런 말이 먹혔지만 어느 날 내 똥구멍에 하겠다고 말하는 한 남자에게 딸이 있냐고 물어본 후로는 그만뒀다. 그는 이렇게 답했다. **당연하지, 난 하고 싶으면 걔랑도 할 거야.**

그때부터 나는 가운뎃손가락만 들어 보이기 시작했다. 쳐다보지도 않고, 걷던 걸음을 멈추지도 않고, 단지 가운뎃손가락의 존재만 남겨놓은 채 계속해서 걸었다. 아무도 나를 다치게 하려고 하지 않은 것은 행운이었다. 나는 거리에서 남자들에게 전화번호를 넘겨주는 것을 거부하거나 그들의 제안을 거절했다는 이유로 죽임을 당한 여자들에 관한 책을 계속해서 읽었다. 퀸즈에 사는 한 남자는 자기에게 관심이 없다는 이유로 스물여섯 살난 여자의 목을 베었다. 디트로이트에 사는 한 여자는 세 아이의 엄마였는데 낯선 남자에게 연락처를 주는 것을 거절한 뒤 총에 맞아 죽었다. 이 두 개의 폭력행위는 서로 며칠 이내에 발생했다.

나는 그런 남자들을 거부해왔지만 별일 없었다. 비록 가끔 그게 터무니없이, 극도의 행운이나 특전과 얼마나 관련이 있을까 궁금했지만. 한번은 뉴올리언스에 있을 때로 나는 당시 열일곱 살의 대학 신입생이었다. 핼러윈데이 날, 나는 "섹시한 간호사" 분장을

했는데, 한 남자애가 나를 따라오더니 내가 비즈를 던지고 있는 발코니 밑의 거리에서 나를 개년이라 부르면서 소리 지르기 시작했다. 넌 아마 자지가 조그말 거라고 그에게 말했다. 그 주위에 있는 군중들이 웃어댔다.

그는 얼굴이 붉게 변하더니 **다시 와서 널 찾아낼 거야**라고 말했다. 나는 그를 더 조롱했다. **그러시든가! 난 니 자지가 서지 않을 걸 아는데!**라고 말했다. 만약 그 후에 그와 일대일로 대면했다면 무슨 일이 벌어졌을지 가끔 궁금하다.

나는 샌타바버라에서 사람들을 죽인 젊은 남자에 관해 생각했다. 아직도 숫총각인 데다 아름다운 여자들이 그에게 아무것도 원하는 게 없다는 것이 상상할 수 없을 정도로 불공평하다고 생각했기 때문이란다. 총기 난사에 들어가기 전 그는 유튜브에 자기가 본 "모든 썩어빠지고, 콧대 높은, 금발 색녀들 학살(하는 것)"에 관한 동영상을 올려놓았다.

그런데도, 어쨌든, 불가해하게도, "남성혐오주의자man-hater"란 말이 진짜로 해를 끼치는 것인 양 대수롭지 않게 논의된다. 반면 우리는 여자를 죽이는 남자들에게 걸맞은 진정한 언어를 가지고 있지 않다. 그 단어가 바로 "남자"일까?

우리는 "여성혐오자misogynist"를 말하고 있고, "여성혐오 살인misogyny kills"에 대해 써왔지만 그 말은 완전히 실패해서 아무런 호응을 못 얻고 있다. 너무 학문적으로 들리는데다 그것이 의미하는 진실을 전달하기에 충분할 정도로 생생하거나 소름 끼치지 않다.

게다가 살인을 하지 않는 여성혐오자들도 상당히 많다. 내가 생각하는 것 이상일 것이다.

희생자가 아는 사람이었을 때 우리는 이러한 남자들을 때로 가정폭력범이라 부르지만, 낯선 사람을 죽일 때에는 이런 남자들을 단지 미친놈이라고만 부른다. 외로운 늑대들[Lone wolves, 무리가 아닌 단독으로 생활하는 늑대의 습성에서 따온 것으로, 다른 사람의 도움 없이 단독으로 폭력 행위를 준비하고 저지르는 사람을 말한다]. 불공평하다. 이를테면, 여성을 죽이는 것에 열광하는 문화는 여성의 삶이 아무런 가치가 없다고 말하는 것, 아닐까?

여성은 자녀를 양육하고, 더러운 양말을 주우며, 필요로 할 때 남자를 뒷받침함으로써 남자의 기세를 살려주고, 섹시하게 보이려고 한다.(하지만 너무 과하게 애쓰지는 않는다. 그러면 한심해 보이니까.) 우리들의 섬세한 미적 감각에 거슬리지 않도록 망할 립스틱을 바르고 하이힐을 신는 동안 우리는 독립적 존재가 되면서 나쁜 년이 되는데, "페미니스트"라는 그 단어만으로도 남성들은 열받는다. 어떻게 감히!

그런데도 여자를 죽이는 남자들에게 아무런 이름이 없는 것은, 우리가 해야 하는 것—이를테면, 엿 먹어, 당신을 받아줄게, 당신을 원해, 당신에게 상처를 줄 거야 등등—을 하지 않으려는 뻔뻔함을 가지고 있기 때문이다. 그들의 욕망을 위해 백지상태가 되는 것이다. 그들은 우리에게 이름을 붙이지만 우리는 그들을 뭐라고 불러야 하는지조차 허락받지 못하고 있는 것이다.

그러한 단어와 위협이 받은 편지함이나 타임라인에 떴을 때 부과되는 위험성은 다르다. 우리는 그런 것들을 보낸 사람이 **여자의 성기** 뒤에 있는 사람이거나 **이런 훌륭한 자지가 필요하지!**라며 그것을 자랑하려는 10대—10대들도 여성에게 상처를 줄 수 있다—이거나 혹은 당신이 아는 누군가이거나 혹은 당신이 일하는 곳에 당신을 더 잘 보려고 나타날 사람인지 모른다. 한번은 딸을 위해 만든 음식을 찍은 사진 밑에 "개년"이라는 댓글을 누군가 달아놓았다. 이 말을 했던 남자를 찾아보니 프로필 사진은 기껏해야 열세 살 먹은 털도 나지 않은 포동포동한 소년의 얼굴을 보여주었다.

나는 실제 생활에서 선의의 정보를 추구하는 사람들과 교류하기 위한 온라인상의 남자들에게 너무 지쳐버렸다. 학생들에게 내가 하는 일에 대해 말할 기회를 가지게 되면, 항상, 어김없이, 이야기가 끝난 후 첫 번째 질문은 남자가 했다. 그리고 그 첫 번째 질문은 언제나 "난 어때요?"가 변형된 식이었다. 낭만적으로든 수사학적으로든 남자들을 무시하는 것은 그들에게 실존적인 폭력이다.

내 딸이 한 살이었을 때 어떤 남자들이 내가 누구인지를 "까발리겠다"며 나에 대한 팟캐스트를 하겠다고 결정했다. 죽음의 위협이 다가오기 시작했고 우리는 잠시 집을 떠나 마침 여분의 침실을 가지고 있던 맨해튼의 친구네 집에 머물렀다. 나는 위협을 선동하는 그 남자들의 명칭을 알았다. 그 동영상을 만든 무리 중에는 내가 그들의 성기를 빠는 것을 원하지 않는다고 연호하는 이들이 있었다. 마치 그것이 나에게 세상에서 가장 공격적인 것이라는

듯. 하지만 그들의 익명성의 결여는 나로 하여금 어쩔 수 없게 만들었다―나는 그들을 당국에 신고할 수 있었고, 그렇게 했다. 그러나 자신들의 이름을 가진 일부 남자들은 조심스러웠다. 그들은 노골적으로 말하지 않았다. **그녀를 조져버려려 해. 그러니까 내 말은, 누군가 그녀를 총으로 쏴야 한다고 하는 게 아니라…….**

그런 것을 보고 재미있는 척하기는 쉽다. 그냥 무시해버리면 된다. 특히 성차별주의자들이 자주 오타를 내거나 우스꽝스럽고 바보 같은 소리를 하는 온라인에서는. 그래서 나는 빈정대며 엄지손가락을 치켜세우는 제니퍼 로렌스[Jennifer Lawrence, 배우]의 "움짤"과 함께 나를 창녀나 보지라고 부르는 몹시 불쾌한 트위터에 호응할 것이다. 나는 맞춤법 오류를 조롱할 것이며, 그것들을 가지고 놀려댈 것이다. 그것이 사람들이 보고 싶어 하는 것이기 때문이다. 즉 이런 혐오를 평정심을 잃지 않고 다룰 수 있다는 것 말이다.

같은 방식으로 10대 때 나는 남자들이 무엇을 좋아하는지 알았고, 그들이 무엇을 보고 싶어 하는지에 상관없이 가장假裝의 달인이 되었다. 이제 나는 모든 다른 사람들에게 똑같은 것을 한다. 작고 달콤하며 한입 크기의 조각으로 쉽게 소비되어 먹음직스럽도록 힘과 유머 감각, 개성을 발휘한다. 인터넷은 그래서 좋다.

제3부

같은 여자예요. 난 알아요. 왜냐하면 그녀는 항상 기어 다니기
때문이에요. 대부분의 여자들은 햇빛에서 기어 다니지 않아요.
_샬롯 퍼킨스 길먼, 『누런 벽지』 중에서

사기꾼

수업을 빼먹은 후 선생님에게 제출하기 위해 어머니의 이름을 공책에 서명한 것이 잡혔을 무렵, 나는 부모님의 친필을 완벽하게 소화했다. 하지만 두 분 중 더 엉망인 어머니의 것이 훨씬 쉬웠다. 나는 그들의 이름과 특정 문구들—**부디 제시카를 용서해주세요, 어제 몸이 아팠어요**—을 공책의 여러 페이지에 걸쳐 계속 연습했다. 내가 섹스를 하고 있다는 증거를 쉴 새 없이 엿보던 어머니가 여러 공책들 중에서 그것을 발견하고는 나와 대면했다.

공책에 부모님의 이름을 사용해왔다는 것만으로도 나쁜 일이었지만, 어머니는 내가 남자친구의 부모님의 서명을 연습한 페이지까지 발견했다. 그래서 나는 한 달간 외출금지를 당했을 뿐 아니라 제이의 부모님에게도 사과의 전화를 걸어야만 했다. 몹시 굴욕을 당했었다는 것만 기억날 뿐, 그분들에게 무슨 말을 했는지는 기억나지 않는다. 어쨌든, 그럼에도, 내가 고등학교 2학년 말이고 나보다 한 학년 높은 제이가 졸업할 때까지 우리는 수업을 빼먹기 위해 계속해서 썼다.

지금의 내 서명은 당시 어머니의 것과 많이 닮았다. 크고 정신이 없는 데다 읽기도 어렵다. 그래서 대학에서 강연을 마치고 테이블에 앉아 내가 쓴 책에 나의 이름을 반복해서 서명할 때면 그 페이지에 남겨진 난삽함에 약간 민망해지지 않을 수 없다.

운 좋으면서도 이상한 내 직업의 일부인, 패널로 무대에 오르거나 강의를 하기 전에 나는 속으로 두 마디를 읊조린다. "천천히", "미소 지으면서."

나는 똑같은 말을 공책의 여백에도 써넣었다. 그래야 강연하는 도중 타고난 이탈리아계 미국인이자 뉴욕 태생의 속도를 늦추는 것을 잊지 않을 수 있고, 미소 짓는 것 역시 나를 침착하게 해준다. 그것은 나를 분노한 사람이 아니라 재미있고 인상적인 사람으로 만드는 데 한몫한다. 왜냐하면 페미니스트에게 분노는 금지되어 있기 때문이다. 우리가 설령 분노할 모든 권리를 가지고 있다 해도, 그리고 그런 고정관념이 이미 오래전에 없어졌다 해도, 그것은 상대측에게 무기가 될 수 있는 정보를 너무 많이 제공한다.

그래서 나는 (나를 위해) 미소를 지으며 천천히 말한다. 그리고 많은 사람들이 꼭 하고 싶어 하는 것들, 즉 내가 생각하는 것들을 말하고 사람들로 하여금 그것을 듣게 하는 기회를 가진다. 젊은 이들에게 강연을 하고 책에 서명을 부탁받거나 사진을 같이 찍는 것은 나에게는 영광이다. 내 있는 그대로를 보여준, 진실한 데 대한 혜택이다. 그것은 나를 겸손하게 만들고, 아주 신나는 일이며, 자랑스럽기까지 하다.

그러나 음치처럼 들리거나 불쾌하게 들린다는 이유로 말하지 않는 것은 머리에 계속해서 들러붙어 있게 된다. 낯선 사람들이 그것을 알게 되는 것은 불편하다. 나는 그것을 좋아하지 않는다.

아니면 그것을 지나치게 좋아하게 될 수도 있다. 사람들이 자신들의 이야기를 당신과 공유하는 것은 절대 있어서는 안 되기 때문에 당신과 대화하려고 사람들이 줄 서서 기다리는 것이 진부하고 재미없는 일처럼 느껴진다. 게다가 우리가 뭔가를 매우 빈번하게 할 때 그것은 체화된다[muscle memory, 운동을 반복적으로 되풀이해 해당 동작이 몸에 각인되는 것을 의미한다]. 책에 서명을 하고, 사진 찍을 때 자세를 취하며, 서로 다른 대학의 놀라울 정도로 비슷한 강당에서 똑같은 질문에 대답하게 되는 것이다.

여성들을 페미니스트로 만들려고 쓴 내 책에 대해 말하며 여성들이 나를 안고 싶다고 할 때 나는 그렇게 하도록 놔두지만 그들이 정말로 나를 안다면 결코 그런 말을 하지 않으리라는 생각이 들기 때문에 나 자신을 다소 혐오하기도 한다. 하지만 나는 **고마워요, 감사합니다. 그런 말을 듣게 되어 저에게 큰 힘이 됩니다. 감사합니다**라고 말한다. 그러면 아무것도 아닌 것처럼 느껴지기 시작하는데 그것은 정말로 끔찍하다. 누군가 나를 "씨발년"이라고 부를 때 그 말들이 들러붙기 때문이다. 모든 것이 다 요행수인 것처럼 느껴진다.

내 생각에 온라인에서 남자들이 여자들에게 말하는 것 중에 가장 끔찍한 것들이 **익숙해질 거야**, 아니면, **그들은 슬픈 삶을 살고 있어서 그래, 불쌍해**이다. 여성을 혐오하는 일에 그렇게 많은 시간을

바치고 태아의 사진을 보내거나 내가 그들의 성기를 빠는 동영상을 만들어 소리 지르는 남성들은 분명 슬픈 인생을 사는 게 틀림없다고 나는 상상한다. 물론 그들은 그렇게 산다. 트위터에 **씨발년**이라고 쓰거나 이메일을 통해서 네 살 된 딸이 자라면 엄마 같은 개년이 될 거라고 말하는 것을 허용하는 것은 충만한 인생이 아니다.

나는 최선의 의도를 가졌고 불교도적인 환경에서 자랐음에도 불구하고, 그들이 불쌍하지 않다. 나는 연민을 느끼지 않는다. 그들을 혐오할 뿐이다. 그 외에는 없다.

내가 통이 큰 사람이 돼야 한다는 것을 알고 있다. 사람들을 혐오해서는 안 된다는 것을 알고 있다. 혐오는 정신 건강에 나쁘기 때문이다. 하지만 10년 동안 매일같이 씨발년이라는 소리를 듣다 보면 그렇게 된다. 무언가를 생산해서 세상에 내보일 때마다 누군가 그것을 죽이려 한다는 것을 알게 되면 그렇게 된다. 당신이 무슨 일을 하건, 당신이 누구건, 밤에 집에 가서 아내와 아이들에게 입맞춤을 하는 이름 없는 임의의 사람들은 당신이 사라지기를 바란다.

그것은 때로 당신 역시 그들에게 원하는 것이기도 하다.

에드거 앨런 포Edgar Allan Poe는 아름다운 여성의 죽음을 "세상에서 가장 시적인 주제"라고 부른 적이 있다. 얼마나 많은 여성 작가들이 자살하거나 스스로 흔적을 없애버림으로써 이 가장 대중적인 서사를 충족시키기 위한 시도를 했을까 나는 종종 궁금하다. 우리는 미소 짓거나, 죽거나, 자세를 취하거나, 우리의 언어가 그 뒤에 진짜 본문이 없는 페이지에 매달려 있을 때가 가장 가치 있다.

우리가 정말로 사람들을 그처럼 화나게 만들고 있다면, 그건 사실이기도 하지만, 그것은 **변화를 만들어내고 있기 때문이다.** 하지만 그게 너무나 무섭다는 것 또한 사실이다. 나는 더 이상 강연을 하고 싶지 않다. 나는 대중 앞에 서기를 바라지 않는다. 예전보다 더욱 두려워졌기 때문이다. 하지만 여전히 나는 의도적으로 무대에 올라 강연을 하며 미소 짓는다.

내 능력의 한계를 처음으로 깨달았던 것은 MIT대학에서 주최한 '미디어에 나타난 여성'을 주제로 한 케임브리지 회의에서였다. 주최자는 그곳에 참가하고 있는 놀라운 여성들에 관한 이야기로 총회를 시작했다. 여성들로 가득 찬 회의실에서 그녀는 내 이름을 언급했다. 내 앞줄에 앉아있던 여자가 **흥미롭군요!**라고 말했다. 내 친구와 나는 깜짝 놀라서 서로 쳐다보았다. 사람들이 우리 웹사이트를 읽는다는 것은 알고 있지만 우리 앞에 앉아있는 사람들과 같은 사람들이 우리의 언어를 읽는다는 것을 상상하기 어려웠기 때문이었다.

성공적인 경력을 쌓는 것과 힘을 가지는 것에 대해 내가 지금까지 들은 최고이자 최악의 조언은 **이미 성공한 것처럼 생각하고 행동하라**는 것이었다. 그게 없기 때문에 우리 중 많은 사람, 특히 여성들이 그렇게 열심히 해도 자신감을 갖지 못하거나 가치가 없다고 생각하거나 회의실에 있을 정도로 똑똑하지 못하다고 느낀다는 것이다. 그러니 그러한 불안정성을 떠맡는 대신 우리가 얼마나 취약하다고 느끼는지 세상에 보여줌으로써 세상에 속한 것처럼 행

동하자는 것이었다. 공식적인 자격을 가장하자는 이야기는 남성 동료들에게 무척 쉽게 다가가는 것 같았다.

나는 매일 이 조언을 실천하는데 그것 때문에 주로 나 자신을 혐오한다. **성공하고 싶다면 이미 성공한 것처럼 생각하고 행동하라고?** 도대체 어느 시점에서 빌어먹을 사기꾼이 되란 말인가?

오늘의 페미니즘은 우리가 사회활동에 적극적으로 참여할 필요가 있고 권리를 명확히 주장해야 하며 우리가 이룬 성과에 대해 수줍어해서는 안 된다고 말한다. 그러나 어떤 종류든 자리를 차지하는 것이—운동적인 면에서 끈질긴 화근이었던—페미니스트 신성모독이라고 간주된 것은 그리 오래전이 아니었다. 딸을 임신했을 때, 이제 막 임신한 표시가 나기 시작했는데, 나는 내가 창립하고 만든 웹사이트에서 이름을 내려달라는 요청을 받았다. 물론 사이트에서 전적으로 내리라는 것은 아니었지만, 작가들이 자신을 강연자로서 홍보할 수 있는 한 부문에서 내가 스스로 사라지기를 자매연대 차원에서 바란다는 것이었다. 재정적으로 여유가 있는 한 사람이 내게 물러나라고 한 것만큼이나 나는 "집단 지도체제"와 "페미니스트적 대화"라는 언어가 부끄러웠다.

페미니스트로 성공한다는 것은 다른 여성들에게 마음을 쓰는 누군가로서는, 심히, 어떻든 실패했다는 것을 의미한다. **진짜** 페미니스트는 일을 인정받고 자리를 잡으면서 생계를 꾸려나갈 수가 없다. 하지만 문제는 이미 자신이 너무 작아져서 완전히 소멸하지 않고는 더 이상 움츠러들 수 있다고 생각하지 않는다는 것이다. 어

쩌면 그것이 핵심일지도 모른다.

자신이 크다고 느끼는 순간은 아주 잠깐 동안이다. 우리는 스스로를 과장할 수 있지만 말하는 대로 그 태도가 같은 비율로 새어 나온다. 그래서 문장 끝 무렵에는 다시 숨을 돌려야 한다. **천천히. 미소 지으면서.**

내 글을 큰 소리로 읽는 것을 처음 들었던 때는 부모님의 서명을 가짜로 써서 잡혔던 그 해였다. 원래 선생님이 떠난 이후 고등학교 2학년 영어 수업은 학기 중간에 남은 학기를 대체할 선생님으로 인계되었다. 맥코트 선생님은 스타이브센트에서 몇 년 전에 은퇴한 분으로 재미있는데다 아일랜드 억양을 가지고 있었다. 모두가 그를 좋아했다.

나는 처음으로 남자친구의 부모님을 만나는 것과 그분들의 서명으로 꽉 찬 공책들 때문에 나중에 잡히게 된 것에 관해 썼다. 쓰기 과제는 익명이어서 그는 내 이름을 말하지 않았으나 읽기 시작하자마자 나는 그게 내 것이라는 것을 알았다. 생각했던 것만큼 긴장되지는 않았다. 오히려 흥분됐다. 내 언어를 다른 누군가의 입을 통해 듣는 것, 다른 사람들 앞에서 내 언어를 말하는 사람을 보는 것은 내가 존재하는 것처럼 느끼게 해주었다.

학교에서 누군가 나를 선택했다는 것, 나의 어떤 것을 선택했다는 것이 무척 어색한 느낌이 들기 시작한 것은 그때가 처음이었다. 그래서 다음 해에 나는 이미 방과 후에 하고 있는 것들과 비슷하다는 생각으로 글쓰기 창작반과 셰익스피어 수업을 듣기 시작

했다. 그리고 숙제가 단지 실제로 무언가를 써내려가기만 하면 되는 것이었을 때 나의 행운을 믿을 수 없었다. 나는 어떤 것이든 쓰고 싶은 이야기를 써내려갔다.

나는 부모님에 대해, 남자애들에 대해, 파티에 대해 썼다. 어느 날 10페이지 분량의 창작 글쓰기 과제를 맥코트 선생님이 아닌 다른 선생님으로부터 돌려받았는데, 아버지가 나에게 소리 지르는 것을 묘사한 장면의 여백에 선생님은 이렇게 써놓았다. **그가 너의 난잡한 성생활에 푹 빠졌니?**

나는 자신감을 날조하거나 그것의 결여가 잘못이라는 말을 듣는 것에 진절머리가 난다. 나는 할 수 있는 한 여성들에게 평생 동안 주어지는 가장 자연스러운 반응을 하기 때문이다. 나는 자신감을 주거나 영감을 주는 사람이 되고 싶지 않다. 나는 더 이상, 정말로, 용기를 내고 싶지 않다. 사기는 때로 그 일 자체보다 더 많은 에너지를 필요로 하기 때문이다.

하지만 여전히 한다. 나를 여기까지 데려온 것은 사기였다. 몸에 딱 달라붙는 시스 드레스sheath dress에 하이힐을 신고 머리를 드라이해서 언어를 제공하는, 내가 그토록 혐오하는, 파티나 행사에 갈 때마다 나는 어색하다. 도대체 내가 누구인지 모르기 때문이다. 하지만 거기 있다는 게 자랑스럽기도 하다. 나는 부모님에게 사진 찍어서 보내는 것을 좋아한다.

한 기금모금 행사에서 나를 본 젊은 활동가가 화가 나서 트위터에 내가 잘 차려입은 부유한 낙태찬성 기부자의 일원인 것처럼

보였다고 썼다. 내가 그곳에서 그렇게 열심히 한 이유가 그것 때문인데도 그렇게 입은 것이 마치 배신인 것처럼.

서른여섯 번째 생일에 딸은 자기가 쓴 "책"을 선물로 줬다. 그녀는 나와 같은 작가가 되고 싶다고 했다. 색 도화지에 크레용으로 쓰여진 책은 줄로 묶여 있었다. 나는 인권협회에서 주는 상을 받아 막 연설하려던 참이었고 레일라는 앞줄에 앉아 바라보고 있었다. 레일라는 연어를 꺼리는 대신 초콜릿 케이크와 라즈베리 가나슈에 신이나 있었다. 그녀는 내가 말하는 것을 잠시 지켜보고는 그 책을 쓴 것에 대해서는 별말을 하지 않고 내가 실제로 여기 있는 것을 증명하는, 유리에 내 이름이 당당하게 새겨진 상을 끌어안았다.

행사가 끝난 뒤 우리는 세서미 플레이스[Sesame Place, 어린이들을 위한 캐릭터 놀이동산]로 차를 몰았다. 쇼의 주인공들로 분장한 사람들을 이리저리 피하면서 레일라가 말했다. **저 사람들은 너무 커, 실생활에서도 그래?**

몇 달 전, 나는 몇 주 동안 아팠음에도 불구하고 대학에서 강연을 했다. 힘이 없었지만 미소 지으면서, 자세를 취했고, 강연이 끝난 뒤 책에 서명을 하려고 자리에 앉았다. 그런데 어느 순간 줄 중간쯤에 있던 젊은 여자 한 명이 내 앞으로 오더니 책을 꺼내놓았다. 나는 어머니의 이름을 썼다.

손

그들은 그것을 제왕절개라고 불렀지만 아직도 내 질 주변을 제모하기 위한 시간을 내는 중이었다. 간호사는—나는 그녀를 간호사라생각했다—푸른색의 빅 사의 면도기Bic razor를 사용했는데 어머니가 사곤 했던 열 개들이와 같은 종류였다. 어머니는 그것을 화장실 수납함 아래 칸에 보관했었다. 나는 그렇게 싸구려 면도기를 사용한다는 것이 웃겼을 뿐 아니라 그녀의 다리에 까칠하게 자란 털과비키니 라인의 면도기 화상이 당혹스러웠다. 나는 치골을 가로지르면서 면도기를 휘두르는 여자에게 말쑥하게 손질하지 않은 것에 대해 농담을 던졌다. 근데 임신한 동안에도 털을 미는 사람이 있어요? 그녀는 아무 말도 하지 않고는 붉은 상처를 몇 개 남기더니 가버렸다.

3일 전 의사에게 검진받으러 갔을 때 뭔가 떨어져 나간 것 같은 느낌이 든다고 말했다. 레일라의 심장박동은 괜찮았지만 간호사는 혈압을 쟀다. 한 번, 두 번, 세 번. 의사가 들어와서 빛을 차단하더니 네 번째로 혈압을 재기 전에 옆으로 편하게 누우라고 말했다. 그 뒤, 병원까지 길을 건너오라고 시켰다.

나는 임신한 것을 좋아한 적이 없었다. 기쁨을 맛보기보다는 진땀이 났다. 사람들이 나를 만지는 것과 같은 갑작스러운 의지에 대해서도 고맙게 생각하지 않았다. 불룩해지기도 전에 내 배를, 마치 동정하듯이 내 어깨를. 하루아침에 낯선 사람들이 내가 모유 수유를 할지, 왜 배가 통상 6개월 정도로 부르지 않은지에 대해 알 권리를 부여받은 것 같았다. **잘 먹고는 있니?**

내가 병원에 처음 입원했던 것은 한가로이 산책하다가 아니라 스키를 타는 동안 등을 나무에 부딪친 뒤 구급차에 의해 실려 갔을 때였다. 스키를 꽤 타는 열다섯 살짜리였고 수학여행 중이었다. 그런데도 당일 첫 주행에서 얼음조각을 들이받으며 중심을 잃었다. 나는 나무에 부딪치리라는 것을 알았고 충격을 받기 전 마지막 몇 피트를 미끄러져 내려가면서 땅 위로 몸을 내던졌다. 나중에 의사는 그게 아마 내 생명을 구했거나 적어도 걸을 수 있게 해줬을 거라고 말했다. 비장이 파열되고 신장이 손상되었을 뿐 운이 좋았다고 그들은 말했다.

그 일이 발생했을 때 나는 혼자였다. 학교 친구가 지나치다 보고는 도움을 청하러 가서 오기 전까지 나는 얼마간 눈 속에 누워 있었다. 이윽고 두 남자가 나를 썰매에 묶고는 날짜와 이름을 물었다. 나는 뭔가 단단히 잘못된 게 틀림없다고 느꼈다. 그들이 무전기로 구급차를 불렀기 때문이었다.

몸 어디에도 상처가 나거나 멍이 든 게 보이지 않았다. 단지 왼쪽 어깨만 고통이 심했을 뿐이었다. 이상한 것은, 의사에게 오두막

에서 말했는데, 낙하하는 내내 어깨를 부딪치지 않았다는 것이었다. 그러자 그는 옆에 서 있는 남자에게 말했다. **당장 구급차에 실어야겠어.** 어깨 통증은 내부가 손상됐다는 명백한 신호였다.

부모님은 여섯 시간이나 운전해야 하는 집에 있었다. 응급실에 도착했을 때 나는 제발 부모님에게 전화 좀 걸어달라고 부탁했다. 그들은 방 맞은편의 들것에 있는 내게 닿도록 전화선을 단단히 붙잡아서 아버지에게 전화하도록 해주었다. 나는 아버지에게 괜찮다고 했지만 우리가 말하는 동안 간호사가 내 안에 카테터[catheter, 체강 또는 내강이 있는 장기 내로 삽입하기 위한 튜브형의 기구]를 넣는 바람에 비명을 질렀다. 아버지 앞에서 욕을 한 건 그때가 처음이었다.

비장을 받치고 있는 피부의 얇은 층에 의해—복부로 피가 흘러들어 가는 것을 막는—조직이 봉합됨으로써 비장을 제거하는 수술은 피할 수 있었다. 며칠 뒤, 자세를 바꿀 때마다 내 안에서 피가 철벅거리는 것을 느낄 수 있었다.

15년이 흐른 뒤, 산부인과에서 나를—그때는 헬스 키친[Hell's Kitchen, 맨해튼의 한 지역. 19세기 중반 갱단이 이 지역에 나타나면서 "지옥보다 더 뜨거운 지역"이라고 불리게 되었다]에 있던—세인트루크-루스벨트병원St. Luke's-Roosevelt Hospital으로 보냈을 때 나는 혼자가 아니었다. 앤드루뿐만 아니라 어머니도 같이 있었다. 그날 의사와의 약속에 그녀가 같이 간 것은 순전히 운이었다. 앤드루가 전날 밤 외출에서 과음을 했기 때문에 운전을 하기가 어려웠던 때문이었다. 그래서 둘 다 거기에 나와 함께 있었고, 의사는 내가 출산할 때까지 병

손

원을 떠나서는 안 된다고 말했다. 예정일은 3개월이나 남아 있었다.

고혈압성 질환인 임신중독증이라고 했다. 해롭지는 않다고 들었으나 임신에는 치명적이었다. 간호사는 내가 발작을 시작하는 경우 정맥주사를 놓고 즉시 약을 투여해야 한다고 했다. 요행수거나 혹은 혈압을 가지고 승부하는 것이라는 불안한 생각 때문에 우리는 회의적이었다. 나는 건강했다. 나는 대체로 좋다고 느꼈다. 하지만 새로운 의사나 간호사가 새로 방문할 때마다 더 나쁜 소식을 가지고 왔다.

첫 번째 의사가 출산하기 전까지 병원을 떠나서는 안 된다고 말한 후로 우리는 내가 병원에서 어떻게 남은 3개월을 보낼지에 관한 계획을 세우기 시작했다. 앤드루는 노트북으로 볼 수 있도록 DVD 목록을 작성했고, 방문할 친구의 명단과 외부에서 가져올 음식 목록을 작성하기 시작했으며, 방문객 일정표를 짰다. 그들은 소변에 단백질이 섞여 나오는지 계속해서 검사했다. 화장실에 환자용 변기를 만들어놓았기 때문에 내가 화장실에 갈 때마다 소변을 검사할 수 있었다.

신생아 전문의가 우리 병실에 와서는 조산아를 낳을 경우 문제 될 수 있는 모든 점에 대해 말했다. 우리는 이해하지 못했다. **전석 달 동안 여기 있을 거라고 생각했는데요.** 그녀는 내가 한 주만 더 출산을 버틸 수 있으면 좋겠다고 말했다.

나는 사흘을 버텼다.

앤드루의 부모님은 눈이 빨개가지고 캘리포니아에서 날아왔

다. 그들을 봤을 때 나는 울면서 사과했다. 무엇 때문인지는 잘 모르겠다. 다음날 그들은 나를 다른 층으로 옮겼다. 출산하는 병실에 있어야 하는 다른 여성들만큼 급박하지 않다는 신호였다. 그러나 그날 밤늦게 그들은 마음을 바꿔서 나를 다시 옮겨놓았다. 앤드루의 부모님은 근처 식당에서 닭고기 만둣국을 사 왔고 나는 간호사에게 수면제를 부탁했다. 몇 시간 뒤 나는 옆구리와 등에 끔찍한 통증이 와서 잠에서 깼다. 그것은 단지 임신중독증이 아니었다. 나는 헬프증후군[HELLP syndrome, 임신중독증에 용혈hemolysis(H), 간기능 장애 elevated liver enzymes(EL), 혈소판 감소low platelets(LP)가 합병된 질환으로 각 증상의 머리문자를 따온 것]을 앓고 있었다. 비전문가적 용어로 폭삭 망한 것이었다. 나는 출산을 하거나 아니면 죽을 각오를 감행해야 했다.

일단 임신에 문제가 있을 때—정말로 잘못될 때—수 시간 이내에 내 몸 안에 손을 넣을 수많은 사람들에 대해 대비가 되어 있는 사람은 아무도 없다. 우선, 의사이다. 더 이상 원래 산부인과 의사가 아니라 비상시를 위해 대기 중이던 더 젊은 여성이었다. 나는 그녀를 즉각 신뢰했는데 어쩌면 필요에 의해서거나 아니면 그녀의 손가락이 내 자궁경부를 건드리고 있다는 사실 때문이었을 것이다. 이어서 오더리[orderly, 의사의 지시를 받는 간호보조사]라고 생각했던 한 남자가 내 방에 들어왔다. 알고 보니 의사였던 그는 내 가운을 들어 올렸고, 내 안으로 손가락을 너무 세게 집어넣는 바람에 나는 비명을 질렀다. 적어도 마취과 의사는 손가락을 넣지 않았다. 그는 귀여웠다.

그가 방으로 들어왔을 때, 7킬로그램이나 붓고 간이 나빠지는 중이라는 사실에도 불구하고, 여동생과 나는 눈썹을 치켜뜨며 서로 눈빛을 교환할 시간을 찾았다. 그는 거무스름한 피부와 회색 눈동자를 가지고 있었고 우리보다 훨씬 더 커 보였다. 나는 미소 지으면서 며칠 동안 감지도 않은 머리를 귀 뒤로 넘겼다. 나는 그에게 마취가 아프냐고 물었다.

곧이어 간호사가 유도분만을 위한 약을 주자 뱃속에서 찌릿한 통증이 느껴졌다. 그들이 말한 출산진통이었지만 꼭 뛰어오르는 것처럼 느껴졌다. 뭔가가 느껴져 기뻤다. 나는 임신 기간 중에 여기저기서 일시적인 신호만 느꼈을 뿐 태동을 많이 느끼지 못했었다. 딱 한 번, 아프기 며칠 전에, 내가 정말로 임신했다는 것을 느낀 적이 있다. 레일라의 머리 꼭대기가 내 피부 위로 쑥 내밀어져서 앤드루와 나는 머리가 배 반대편으로 움직이는 것을 놀라서 지켜볼 수 있었다.

그들은 약을 주면서 한 시간 이내에 자연분만이 일어날 수 없다면 간이 위험해진다고 했다. 그래서 누군가 내 질 주변을 제모했던 것이다.

앤드루는 내 팔이 묶여있지 않았다고 말하지만, 바로 그것 때문에 기억이 났다. 내 팔은 와이어와 튜브로 내리눌린 채 T자 모양으로 벌려 있었고, 몇몇 사람들이 수술 도구를 준비하는 동안 나는 하반신이 벗겨진 채 휠체어에 실려 들어왔는데 그들은 마치 내가 방에 없는 것처럼 서로 대화를 나누었다. 나의 갓 깎인 슬픈 질

이 진열된 채.

어머니는 제왕절개를 했을 때 아무것도 느끼지 못했다고 한다. 의사가—절개하면서—그녀에게 느낌이 어떠냐고 물었을 때 머리가 조금 아프다고 말한 것은 가족끼리의 농담이 됐다. 그러나 나는 모든 것을 느꼈다. 정확히 말해, 아무런 통증이 없었지만, 잡아당기고 끌어당기고 이리저리 옮기는 것들을 나는 장기라고 상상했다. 나는 그들이 그것들을 빼내서 내 옆에 있는 탁자 위에 놓을지 궁금했다. 나는 그들이 어떻게 생겼는지에 대해 생각했다.

앤드루는 내 귓속에 숨을 불어넣었는데, 마음을 진정시키는 심호흡 소리를 들으면 내가 따라 할 것이라 생각했기 때문이라고 확신한다. 나는 그가 그만하기를 바랐지만 어떤 말도 할 수 없었다. 만약 내가 죽으면, 할 수 있는 한 최선을 다한 좋은 남편을 힘들게 하면서 죽고 싶지 않다고 생각했기 때문이다. 대신, 나는 얼마나 더 오래 걸리겠냐고 물었다.

내 열린 복부에서 레일라를 꺼내고 잠시 후, 신생아 집중치료실로 서둘러 가기 전에 의사들이 그녀를 내게 데려온 것을 나는 알고 있다. 그러나 내가 먹었던 약은 그것을 내 마음속에서 지워버렸다. 나는 기억을 날조했다. 내가 기억하는 마지막은 그들의 손이 여전히 내 안에 있었고 앤드루가 잘되었는지 묻는 사이에 잠들기 시작했다는 것이다. **무지하게 피곤할 거예요.** 의사 중 한 명이 농담을 했다. 우리 둘 다 그가 멍청이라고 생각했다.

레일라가 배 속에서 너무 높이 있었기 때문에 의사는 나중에

수직절개와 수평절개, 이 두 가지 방법으로 절개해야 했다고 말했다. 그리고 이 때문에 앞으로 자연분만을 할 수 없을 거라 했다. 진통이 자궁 파열을 가져올 수 있기 때문이다.

나는 땅 위로 몸을 내던졌다, 눈을 감은 채.

아기

딸을 처음으로 본 것은 아기처럼 보이지 않는 아기의 사진으로 기억한다. 제왕절개 후 창문이 없는 회복실에 누워있는 와중에 한 신생아 간호사가 사진을 가져왔다. 회복실은 다른 여성들과 몇 개의 커튼으로 분리되어 있었고, 나는 약 때문에 몽롱한 상태에서 기진맥진해 있었다.

나는 양손으로 사진을 쥐었다. 분홍색 테두리로 꾸며진 인쇄물로 쇼핑몰의 즉석사진 촬영 코너에서 찍은 것 같았다. 그녀는 0.9킬로그램이 나갔고 붉고 주름진 피부에는 각종 접착테이프와 튜브로 감싸진 조그만 뼈들이 매달려 있었다. **레일라 발렌티**, 라는 글자가 하단에 쓰여 있었다. 그 글자는 그녀의 폐에 공기를 차게 하는 것은 어떤 기관이라도 차단하겠다는 것이었다. 나는 앤드루의 성을 쓰지 않은 것이 기뻤다. 단지 실수로 주어진 상황이라고 생각했지만.

그들이 사진을 가져오기 전에 나는 앤드루에게 아기 이름이 뭐냐고 계속해서 물었기 때문에 기억할만한 사진을 가진다는 게 기뻤던 것이다. 나는 현기증을 누그러뜨릴 수 있도록 진통제를 부

탁했지만 간호사는 별로 좋은 생각이 아니라며 또 다른 두 개의 둥근 알약을 줬다. 어머니가 방에 들어왔을 때 나는 앤드루가 가기를 기다리고 있으며 곧 죽을 거 같다고 말했다. 내 몸은 물이 차서 심하게 부어있었기 때문에 간호사들은 채혈을 위한 정맥을 찾기 위해—그들은 채혈을 시도할 때마다 내 팔에 3센티미터 정도로 움푹 파인 흔적을 남겨놓았다—마취과 의사까지 데려왔다. 열 번 이상 시도했고 20분 정도 걸렸다.

나는 24시간 뒤에 들것에 누워있는 상태에서 아기를 만났다. 간호사가 신생아 집중치료실에 나를 싣고 가서 인큐베이터 옆에 놓아 주었다. 나는 여전히 앉아 있을 수 없었기 때문에 플라스틱 안의 구멍으로 손을 넣어서 손가락 하나로 그녀의 작고 붉은 팔을 톡톡 쳤다. 신생아 간호사가 조산아들에게는 그렇게 하면 안 된다고 말했다. 너무 많이 자극하는 것은 또 다른 3개월을 내 자궁 속에 있어야 하는 것이라면서. 나는 그녀를 바라보면서 거기에 그냥 누워있어야만 했다. 푸른색의 광선은 아기의 황달을 도와주려는 것이고, 안대를 채운 것은 광선으로부터 아기의 눈을 보호하기 위한 것이라 했다. 그녀는 엎드려 있었고 간혹 다리를 움직였다. 마치 손발을 써서 기어오르거나 기어가려고 애쓰는 것처럼 보였다.

방에 다시 돌아왔을 때 나는 배를 부여잡고 아기가 필요하다며 남편에게 울부짖었지만 그 광경을 보자 당황해서 이후에는 멈췄다. 여전히 나는 텅 빈 것 같았다. 마치 내장을 수술대 위에 남겨놓고 온 것처럼.

개인 병실을 얻을 정도가 되자 그들은 내가 곧바로 유축기를 사용하기를 바랐다. 소화 체계가 너무 미성숙해서 아기가 아직 먹을 수 없을지라도, 신생아 집중치료실의 냉장고에 채워놓기 시작해야 한다는 것이었다. 그들은 내 노란색 유방 하단에 부착시켜 짜내도록 60밀리리터짜리 플라스틱 봉지 두 개를 줬다. 하지만 그 기계를 사용하자 젖꼭지에서 나온 유일한 것은 갈색의 분비물과 혈액이었다. 그럼에도 나는 기계 안으로 집어넣었을 때 젖꼭지가 세배로 커질 때까지 출혈을 하며 짜냈고, 마침내, 젖이 나왔다. 나는 병에 아기의 이름을 써 붙이고는 다른 아기들의 젖과 나란히 줄을 맞춰 냉장고에 넣었다. 다른 아기들의 젖 색깔이 내 것과 달리 더 깨끗해 보였다.

나는 일주일 뒤에 병원을 떠나지 않겠다고 말하고 싶었다. 아기를 거기에 남겨둔다는 생각을 참을 수 없었기 때문이었다. 그러나 무조건 집에 가고 싶다는 마음도 있었다. 커다란 치료실에 다른 십여 명의 아픈 아기들과 함께 두고 떠나는 날, 나는 의사에게 퇴원할 때 필요한 서류를 재촉하지 말아 달라고 애원했다. 그러면 저녁 전까지 내 침대에 있을 수 있기 때문이었다. 그녀는 나를 이상하게 쳐다보더니 **아기가 오랫동안 집에 오지 않으리란 것을 알고 있죠, 그렇죠?**라고 말했다. 그랬다, 나는 알고 있었다.

8주 동안 레일라는 이졸레떼[Isolette, 조산아 보육기 상표명]라고 불리는 플라스틱 상자에서 살았다. 그것은 사방이 투명해서 간호사들이 그녀에게 필요한 것들을 볼 수 있었으며 상자에서 꺼내지

않고도 측면에 있는 구멍으로 그녀를 다룰 수 있었다. 그것은 그녀에게 오랫동안 집이 되었다.

젖을 짜는 것 외에는, 그녀 곁에 앉아 있는 것 말고 내가 할 일이 별로 없었다. 앉아서 그녀가 깨기를 기다려서 플라스틱 구멍을 통해 그녀의 팔을—톡톡 치는 것이 아니라—잡는 정도였다. 간호사 중 한 명이 복잡한 와이어들을 풀어서 그녀를 꺼내는 것을 도와도 된다고 할 때까지 앉아서 기다린 뒤에야 그녀는 내 품에서 쉴 수 있었다. 그녀가 품 안에 누워있으면 나는 가슴이 뛰도록 숨을 크게 들이마시고 내쉬면서 이렇게 속삭였다. **폐가 튼튼해야 한단다, 폐가 튼튼해야 해.** 그러나 그녀는 아주 짧은 시간 동안만 나와 같이 있을 수 있었다. 스스로 체온을 조절하기에는 너무 작아서 따뜻한 이졸레떼로 되돌아갈 필요가 있기 때문이었다. 온종일 홀로 그곳에 머물러야 하는 아기들에게 그 상자의 이름[Isolette는 "격리되다", "고립시키다"는 뜻의 영어 isolate에서 왔다]은 적절하다고 생각했다.

매일 매일 나는 점점 더 오래 아기를 안게 되었다. 하지만 대부분 그녀의 산소 수준을 떨어뜨리거나 심박수를 떨어뜨렸다. 간호사들은 그녀의 발을 간질이기 위해 내게서 재빨리 뺏어가거나 다시 숨을 쉬도록 이리저리 움직이거나 심장이 더 빠른 속도로 뛰게끔 서두르고 있었다. 내가 그녀를 안고 있는 동안 몇 번이나 얼굴이 파랗게 변해서 간호사들은 다시 분홍색이 될 때까지 그녀의 가슴을 가볍게 두드리곤 했다.

그들은 그녀를 안는 방법을 설명해줬다. 나는 그녀의 머리와

목이 공기가 통하도록 정확히 직각인지 확인해야 했다. 만약 머리가 뒤로 너무 멀리 기울어져 있으면 호흡을 멈출 것이고, 앞쪽으로 너무 가까이 기울어져 있으면 공기의 공급을 차단할 것이다. 나는 그녀를 많이 안고 있는 것을 좋아하지 않았다.

가끔 그녀를 안고 앉아 있을 때는 와이어들을 주의해야 했다. 심박수를 위해 와이어에 부착된 수많은 스티커들, 산소 수준을 위해 발에 부착된 또 다른 것들, 거의 심장 근처까지 닿는 중심정맥관을 뜯을 수 없도록 팔은 막대와 테이프로 매어져 있었다. 상태가 좋은 날엔 산소요법만 하면 되었지만 나쁜 날엔—정말 몇 주 동안이나—지속적 양압환기법[CPAP, continuous positive airway pressure, 신생아가 자발적인 호흡으로 정상 혈액가스 분압을 유지할 수 없는 경우, 적절한 가스 교환으로 동맥혈 이산화탄소분압과 산소분압을 적절하게 유지하게 하는 것]으로 호흡해야 했다. 나중에는 때로는 입에, 때로는 코에 피딩 튜브[feeding tube, 입으로 음식을 섭취할 수 없는 경우 튜브를 통해 위 내 유동식을 공급하여 영양 상태를 유지시키는 방법]를 사용했다. 수혈과 무기폐 [collapsed lung, 폐 또는 폐의 일부가 팽창된 상태를 유지하지 못하고 쭈그러든 상태], 먹는 것과 호흡 문제가 있었으나 수술은 없었다.

우리는 정말, 무척이나 운이 좋다고, 그들은 말했다.

치료실에 있는 다른 아기들도 함께 앉아 있는 부모들이 있었지만, 가끔은 혼자만 있는 아기도 있었다. 오랫동안 그곳에 있던 한 아기는 다른 아기들보다 더 컸지만 스스로 숨을 쉴 수 없는 것처럼 보였다. 아침에 아기들이 더 이상 거기에 없는 경우도 가끔

아기

있었다. 집으로 가기엔 너무 작은 아이들이었다. 우리는 그 아기들이 어디로 갔는지 알고 있었다.

신생아 집중치료실에서 가장 많이 부르는 노래는 '유 아 마이 선샤인You Are My Sunshine'이었다. 박자를 더 빨리하거나, 서로 다른 단어를 강조하는 식으로 모든 부모가 각기 다르게 불렀다. 앤드루와 나는 최악으로 따라 불렀다. 하지만 보편적인 가사는 나에게도 딱 들어맞는다고 느껴졌다. **제발 나의 태양을 앗아가지 말아요…… 하지만 깨어나서 난 그게 착각이라는 걸 알았죠. 그리고 난 고개를 숙이고 울었어요.**

앤드루와 나는 매일 똑같은 일상을 보냈다. 우리 둘 다, 혹은 둘 중 한 명은 병원에서 하루를 보냈다. 드물게 쉬는 날에는 젖이 브라에 새어 나올 때까지 눈물을 흘리거나, 그녀가 울거나 씻는 동영상을 보았다. 아기가 혼자 누워있는 동안 집에 있을 정도로 이기적인 사람은 벌 받아야 마땅하다.

밤에 우리는 저녁식사를 주문해서 앤드루의 노트북으로 '프라이데이 나잇 라이츠Friday Night Lights'를 본 다음 아이스크림을 한 통 나눠 먹었다. 밤 11시 30분이나 자정에 앤드루는 신생아 집중치료실에 가서 그녀의 상태를 점검하고 돌봄 간호사에게 머리의 위치를 바꿔 달라고 부탁했다. 어떤 도움이 필요한지 간호사들이 볼 수 있도록 대부분의 아기들이 문과 의료진이 있는 쪽으로 얼굴을 향한 채 누워 있었다. 하지만 그렇게 몇 시간, 몇 날, 몇 주간 누워있기 때문에 머리 한쪽 면이 납작하게 눌리기 시작했다. 이따금

성적 대상

아기의 위치를 바꾸는 것은 적어도 양쪽이 납작해지게끔 균형 잡히도록 도와줬다. "토스터 헤드"[Toaster head, 장두증長頭症, 토스터기처럼 머리가 길고 납작하게 생겼다는 것에서 유래], 내가 살펴본 온라인 조산아 포럼에서 그들은 그것을 그렇게 불렀다.

우리는 우리가 하고 있는 훌륭한 일에 대해 서로를 칭찬했다. 그러나 앤드루는 그녀를 보러 갔을 때 여전히 그녀를 쳐다보는 것을 견디지 못했다. 그녀의 손을 잡고 있는 동안에도 휴대전화를 보는 쪽을 택했다. 비록 그녀가 매일 매일 죽을 거라고 확신했을지라도 나는 계속해서 기사를 썼고 체면을 차리기 위해 아랫배에 철심[staple, 수술로 인해 절개한 상처를 봉합하는 용도로 널리 쓰인다]을 박은 채 친구의 출간기념회에 갔다. 내가 걷다가 거의 쓰러질 뻔한 것을 본 유명한 칼럼니스트는 경악했다.

아기는 태어난 지 정확히 8주 후에 퇴원했다. 1주년 결혼기념일이 일주일 지난 뒤였고, 앤드루의 스물일곱 번째 생일이 4주 지난 뒤였다. 그녀는 1.8킬로그램이었다.

그녀가 집에 온 이후에는 별로 기억나는 게 없다. 반듯이 누워 있으면 위산 역류가 너무도 고통스러워서 구토하고 울기 때문에 차 안에서 수직으로 꼿꼿하게 재운 것이 기억난다. 숨을 멈춘다면 내 손바닥이 그것을 느낄 수 있으리라는 바람으로 내 손을 그녀의 가슴 위에 올려놓고 잤던 첫날밤이 기억난다. 미소 지으면서 사진을 찍은 뒤 가족들에게 그것을 보낸 것이 기억난다.

레일라가 신생아 집중치료실에서 집으로 오고 나서 며칠 뒤인

2010년에 꼼꼼하게 채워진 달력은 방문 간호사 서비스로 누군가 집에 들렀다는 것을 말해주고 있다. 아기를 포대기로 감싸안고 있는 것에 대해 그녀가 **유대감 형성에 좋다**며 칭찬했던 것이 기억난다. 그다음 날 앤드루는 1.8킬로그램짜리 유아가 갑자기 호흡을 멈췄을 경우 회복하는 방법을 배우는 심폐소생술 교육을 받았다. 그처럼 작은 아기를 집에서 양육하는 부모에겐 반드시 필요한 것이다.

그다음 주에 우리는 소아과의 안과 의사와 약속이 있었으며, 조기치료 전문가가 집에 들렀었다. 치료를 받은 그다음 주에 또 다른 간호사가 방문했고, 책상 옆에 더러운 오렌지색 쟁반이 있는 퀸즈의 진료실에서 소아 심장병 전문의와 상담했는데 그는 아기의 심장에 구멍이 있다고 말했다. 그것은 우리가 몇 달 뒤에 다시 병원으로 와야 한다는 것이었으며, 그녀에게 심장 수술이 필요할지도 모른다는 것이었다.

그런 다음 또 다른 의사를 방문했고, 아기의 눈 검사를 또 했으며, 몇몇 친구들과 점심을 먹었고, 레일라의 심장에 관한 두 번째 소견을 들었다. 이번에는 간호사가 최신식 심장영상진단 기계가 있다고 말한 뉴욕대학교의 의사를 찾아갔다. 의사는 심장에 구멍이 없으며 수술도, 그 어떤 것도 필요하지 않다고 말했다. 어쩌면 구멍이 저절로 닫혔거나, 어쩌면 첫 번째 의사가 오진을 했을 거란다. 다시 병원에 입원할 필요가 없었다. 다음날 우리는 소아 위장병 전문의에게 갔다. 레일라가 음식을 못 넘기고 피똥을 쌌기 때문이었다.

그녀는 유제품에 알레르기가 있었다. 내가 버터가 발라진 것

으로 요리한 쿠키를 먹은 뒤 그녀에게 모유를 수유하자 기저귀에 기다란 붉은 자국이 나타났던 것이다.

나는 아주 좋은 엄마가 되는 것에 대한 기억이 없다.

임신했을 때 나는 부모성parenthood에 대한 책을 쓰는 데 동의했다. 그리고 이제, 살지 못한다고 확신하는 아기와 함께, 그녀 가까이에 내가 없을 때 그녀가 죽을 거란 두려움으로 인해 집을 나설 수 없는 나는 그 책을 써야만 했다. 선인세는 사라지고 없다. 병원비와 전문가들에게 다 써버렸고 프리랜서들은 출산휴가를 얻을 수 없기 때문에 우리는 일을 해야 했다.

그래서 나는 레일라라는 이름으로 부르는 대신 필요할 때마다 **아기** 혹은 **그녀**라고만 부른다고 지적한 편집자를 만났다.

뇌는 우리를 보호하기 위해 이상한 일을 한다. 내가 그녀를 사랑하는 것을 나는 알고 있지만, 누군가를 사랑하는 것과 그 사랑을 느끼는 능력을 가지고 있다는 것은 차이가 있다. 스스로에게 공정하게 말하자면 나는 많은 것을 느낄 수 없는 사람이다. 하지만 지금까지 여성이 가졌던 가장 강력한 감정—내가 이 세상에 데려온, 생존하기 위해서는 나를 필요로 하는 아기—을 느끼지 않는 것은 절대적으로 최악이다. 가장 기본적인 인간적 차원에서 실패한 것처럼 느끼기 때문이다. 물론 나는 책을 쓸 수 있다. 하지만 제대로 아이를 사랑할 수조차 없다면 나는 정말로 어떤 종류의 사람이 되어야만 하는가?

과학기술에 감사할 때는 이런 때이다. 시간이 흐른 뒤, 이 시

기에 찍은 그녀의 사진을 볼 때, 그녀가 옹알이하는 동영상을 보고 웃을 때, 나는 내 전신이 마비된 것을 깨닫지 못할 것이다. 내가 가장에 아주 능하거나, 어쩌면 가장하지 않도록 내 머릿속에 깊이 각인시켜 놓았을 것이다. 그 동영상들의 어머니는 아기가 춤출 때 손뼉을 치고, 배에 입을 맞추고, 그녀가 잠들 수 있도록 팔을 쓰다듬으면서 행복해하는 현재를 보여준다. 내가 그녀를 알아보거나 기억할 수 있으면 좋겠다.

적어도, 그래도, 레일라 만이라도.

얼음

막다른 골목으로 돌아서는 초입에 위치한 붉은 집인 보스턴으로 이사 오고 난 몇 달 뒤부터 나는 얼음을 먹기 시작했다.

나는 항상 내가 일하는 동안 책상 위나 잠드는 동안 침실용 탁자 위처럼 가까이에 차가운 물을 한 잔 두는 것이 좋았다. 그래서 처음에는 씹어먹기 전에 뺨을 얼얼하게 만드는 차가운 직사각형 모양의 조각을 입 안에 물고 굴리면서 물을 한 모금씩 홀짝이는 것에 주목하지 않았다.

하지만 곧 나는 물과 함께 먹지 않고 냉장고에 가서 하루에도 몇 번씩 얼음 조각들만 골라 씹기 시작했다. 그것을 처음 주목한 것은 앤드루였다. 우리가 나란히 누워 있는 밤에 그 거슬리는 소리는 그를 깨우기에 충분했던 것이다. 누가 먼저 알아챘든지 간에, 내 마음속을 스치며 처음 든 생각은 『백 년 동안의 고독』[라틴아메리카 문학을 대표하는 콜롬비아 출신 작가 가브리엘 가르시아 마르케스가 1967년 발표한 작품]에서 벽에서 긁은 석회와 흙을 먹는 레베카였다. 그 큰 집에 결국 홀로 남겨져서 비통해하는 것을 생각하니 눈살이 찌푸려졌다.

우리가 보스턴에 왔을 때 레일라는 한 살이었지만 6개월 이상으로는 보이지 않았다. 보스턴 소아과 병원 근처에 있는 새로운 소아과에 그녀를 데리고 갔을 때, 대기실에서 그녀가 내 손을 잡고 걷는 모습을 뚫어지게 바라보던 다른 어머니들이 아기 천재라고 웃으며 수다 떨었다. 앤드루와 나는 그때 일에 대해 종종 농담을 한다. 그녀가 작은 것이 정상적인 크기로 자라는 아이들을 가진 다른 부모들에게 열등감을 주고 있다는, 자신들이 정말로 얼마나 운이 좋은지 깨닫지 못하는 것에 대해서.

새로운 의사는 레일라가 저체중이며, 저녁식사 후에 매일 먹는 바닐라 아이스크림이 유제품 알레르기를 유발한다고 "규정한" 영양학자에게 보내야 된다고 말했다. 나는 그녀가 먹는 모든 음식에 버터를 넣었다. 으깬 감자에 갈아 넣었고 시금치에 버무렸으며 심지어 검은 콩에도 발랐다. 나는 그녀가 견딜 때까지 그녀의 입에 먹을 것을 넣기 위해 항시 주머니와 가방에 음식을 가지고 다녔다.

연대책임이랄까, 새집에 이사 온 첫 달 동안 나는 아무런 노력을 하지 않고도 7킬로그램을 뺐다. 나는 병원에 가서 어떻게 이런 일이 생길 수 있냐고, 부끄럽게, 물었다. 몸무게가 줄어드는 것보다 머리가 빠지는 것이 더 걱정됐기 때문이었다. 식욕을 잃었기 때문이라는 것을 나는 알고 있다. 그럼에도 의사에게는 정상적으로 먹고 있다고 말했다.

그것은 의식적인 조치가 아니었다. 하지만 일단 레일라가 그녀의 방에서 잠든 동안에만 먹을 수 있었고, 작은 마리화나 두 개

비를 피우기 위해 거리가 내려다보이는 발코니로 나갈 수 있었다. 그런 다음에야 주로 쿠바 음식이나 중국 음식을 시켜 먹을 수 있을 정도로 배가 고팠다. 앤드루가 늦도록 일하는 동안 나는 텔레비전 앞에서 음식을 먹었다. 낮에는 단순히 먹는 것을 잊거나 먹고 싶지 않았다. 물과 얼음만 먹었다.

의사는 관자놀이에서 머리숱이 빠진 것을 보고 갈색 서류철 안에 있는 차트를 힐끗 봤다. **2밀리그램이요?** 그녀는 내가 복용하고 있는 항불안제의 양에 놀라며 탈모가 단지 스트레스의 결과인지 궁금해했다. **머리를 쥐어뜯나요?**

그녀는 약에 대해 탐탁지 않게 여겼다. 아침에 1밀리그램, 저녁에 1밀리그램. 빡빡한 일정에도 불구하고 나는 레일라가 그녀의 방에서 죽는다고 믿기 시작하거나, 혹은 뉴욕에서 그랬던 것처럼, 내가 뭔가를 하고 있을 때 그녀에게 끔찍한 일이 벌어질 것 같은 두려움에 집을 나서지 못하면서부터 가는 곳마다 아티반[Ativan, 신경안정제] 통을 들고 다녔다.

퀸즈의 서니사이드가든Sunnyside Gardens의 대표 지역에 있는 우리 집은 낡았지만 컸다. 모든 집에 있는 좁은 길은 커다란 공용 공간인 뒤뜰에 병합되었다. 우리는 3층 건물에 탁구대를 설치한 지하실까지 갖추고 있었다. 주변은 1920년대에 세워진 미국 최초의 신도시 중 하나였다. 대공황 이후 거주민들의 절반 이상이 집을 잃었기 때문이었다. 하지만 그들은 이사 가는 대신 사람들을 동원해서 주 공무원들에게 로비를 했다. 로비가 먹히지 않을 때는

담보대출 금리를 더 낮춰달라며 시위를 벌였다. 대부분은 여전히 떠나야만 했다.

임신해 있을 때, 우리는 커다란 나무와 뒷마당이 있는 이 지역에 영원히 살고 싶다고 생각했었다. 그래서 어느 날 우리 집 뒤의 잔디밭을 공유하는 건너편 집이 나왔길래 그 집을 보기로 결정했다. 그곳에 사는 부부는 우리보다 10년 이상 나이 들어 보였고, 중앙 냉난방에다 개조된 지하실, 완전히 새롭게 단장한 부엌까지 현대식으로 아름답게 꾸미고 있었다. 3층 건물은 우리 집보다는 좁았으나 더 잘 보존되어 있었으며, 방들은 흠잡을 데 없이 다채롭게 잘 꾸며져 있었다.

왜 이사 가고 싶어 하냐고 묻자 그들은 대답하기 전에 먼저 서로 쳐다보더니 단지 변화할 필요성을 느끼기 때문이라고 했다.

우리는 2층으로 올라가서 사무 공간과 긴 복도 외에 빈 침실을 하나 보았다. 그 집에서 유일하게 비어있는 방이었다. 천장과 바닥이 분홍색에 하얀 테두리로 깔끔하게 정돈되어 있었다. 문 뒤와 옷장 안에는 딱 내 엉덩이 높이의 하얀 작은 고리가 나사로 고정되어 있었다. 곧바로 나는 우리 가족이 살기 시작하려는 집을 왜 사고 싶어 하는지에 대해, 임신한 것에 대해, 그들에게 말한 게 부끄러워졌다.

레일라가 태어난 후, 그 부부는 부적절한 시기에 내 가슴을 파고들었다. 모유 수유를 하는 동안이나 혹은 내 손을 가슴에 얹은 상태에서 레일라가 잠들어 있는 동안과 같은 때에.

신생아 집중치료실에서 집으로 데려왔을 때 그녀는 너무나 작

아서 모유 수유를 하는 동안 젖꼭지를 빨 때 특히 얼굴이 깊이 파묻히지 않도록 주의해야 했다. 콧구멍이 막혀서 질식사할 수 있기 때문이었다. 만약 내가 가슴에서 눈길을 돌리면 그녀를 죽일 거라고 확신했다. 그래서 젖을 먹는 동안 그녀의 얼굴이 내 살갗에서 멀리 떨어지도록 손가락 하나로 유륜 상단을 누르고 있어야 했다. 이러면 되겠지—그래, 그러면 그녀를 죽일 거야—확인하면서, 다시 누르곤 했다.

레일라는 너무도 조그매서 트림을 시켜주면 그 가느다란 팔이 무의식적으로 각기 위쪽으로 흔들리면서 몸 전체가 흔들렸다. 당시 소셜미디어에 올렸던 사진을 보고 있으면 왜 "좋아요"를 누른 사람이 거의 없었는지 이제 이해가 된다. 그녀는 행복하고 건강한 아기처럼 보이지 않았던 것이다. 측면에 둘둘 만 수건을 채워 넣지 않으면 어떤 유아용 그네에도 맞지 않았고 자동차의 유아용 보조 의자에도 들어맞지 않았다. 우리는 그녀가 얼마나 먹는지 그 빈도는 얼마인지 기록했다. 변이 정상인지 확인하기 위해 그녀의 변을 보아야 했다. 눈에 보이는 혈변은 없었다.

레일라를 위한 베이비샤워[baby shower, 임신한 것을 축하하기 위해 친구들이 아기용품을 선물하는 축하 파티]를 하지 않았기 때문에—그때쯤 나는 그녀를 낳으려고 병원에 입원해 있었기 때문에—친척들과 친구들은 자상하게도 집에 돌아온 것을 환영하는 선물 꾸러미들을 보내줬다. 장난감, 유아용 식탁의자, 찾을 수 있는 한 가장 작은 옷들이었다.

얼음

친척 한 분은 조산아를 위한 의류전문회사에서 만든 셔츠와 바지를 보내왔다. 포장지를 풀자 당근이 인쇄된 조그만 셔츠 위에 그 회사의 웹사이트를 광고하는 카드가 있었다. 카드 하단에는 이렇게 쓰여 있었다. "상복喪服도 있습니다."

나는 건망증이 생기기 시작했다. 퀸즈에 있는 부모님의—그분들이 가장 최근에 시도한 사업인—건강식품 가게에 걸어가면서도 내가 가는 이유를 기억할 수 없었다. 앤드루와 대화할 때는 불과 몇 분 전에 대답한 것을 또 물어보았다. 어느 궂은 날에는 차에 타고 있다가 어렸을 때 부모님의 옷가게로 사용했던 집 근처인 퀸즈 한복판에서 운전하고 있다는 것을 퍼뜩 깨달았다. 한 시간 전에 있었던 일도 기억해 내지 못했다.

레일라를 보았을 때 나는 조각들이 빠진 아기를 보았다. 거실 한쪽 소파에 내가 있었다면 그녀는 커피 테이블 반대편에 있는 그네에 있었는데, 그녀를 덮고 있는 담요 그림자 아래서 그녀의 입을 찾을 수 없었다. 나는 그녀가 숨을 쉬는 대로 움직이는 것은 아니라고 생각했다. 그녀가 우리 침대 한쪽에 부착된 작은 아기용 침대에서 잠들었을 때였다. 한밤중에 깨었는데 그녀의 다리가 보이지 않았다. 아기용 침대 측면에 다리가 끼었거나 어쩌면, 기괴하게도, 사라지고 없을지도 모른다는 두려움에 나는 침대에서 벌떡 일어났다.

같은 일이 보스턴에서 일어날 것이다. 마라톤 폭탄테러[2013년 4월 미국 매사추세츠 주에서 열린 보스턴 마라톤대회 도중 발생한 테러. 세 명이 사망하고 180여 명이 부상을 입었다]가 발생하고 며칠 뒤 나는 레

일라를 공원으로 데리고 가서 팔다리가 잘린 세 살짜리 아이의 사진을 보고 충격을 받을 것이다. 그리고 그녀의 몸이, 실제로, 온전하다는 것을 잠시 후에 깨달을 것이다.

시각적 혼란과 악몽으로 자꾸 깜빡거리고 일시적으로 기억을 상실하면서 나는 내게 늘 뭔가 문제가 있었다는 것을 깨달았다. 항상 내 안에 있었던 것으로, 큰 문제없이 분리하는 능력이 그것이었다. 나는 다른 모든 사람이 사는 똑같은 세계에서 살고 있다는 것을 알고 있다. 그러나 또한 완전히 다른 세계에서, 오로지 나 홀로, 살고 있다는 것 역시 절실히 느낀다. 나는 앤드루가 집에 오기 전까지는 대화할 다른 성인도 없이 대부분의 날들을 집에서 레일라와 홀로 있다. 나는 그녀와 공원으로 산책을 가서 오리를 가리켜 보여주지만 그 외의 대부분은 침묵한다.

결국, 의사는 나에게 철분 결핍성 빈혈이라고 말한다. 나는 내 정맥이 가늘고, 차가운, 피보다는 물에 더 가까운 것으로 채워졌으며 팔은 움직이지 않는다고 상상한다. 나는 여전히 배가 고프지 않은데도 불구하고 요리를 하는 것이 먹고 싶다는 욕구를 불러일으킬 거라는 희망으로 매일 요리를 하기 시작한다. 레일라를 위해서는 버터가 가득한 식사를, 앤드루와 갑자기 들이닥치는 손님들을 위해서는 정성 들인 갈비와 여러 가지를 혼합한 파스타를. 나는 치즈케이크와 설탕이 잔뜩 들어간 레몬바나 버터스틱을 굽지만 내 입맛에는 여전히 기름지고 느글거린다. 아무것도 나를 채우지 못한다.

나는 이렇게 말라서는 안 된다는 것을 알고 있다. 내 가슴이 쪼

그라들어 축 늘어져 보이는 것이 싫다. 하지만 뉴욕에서 온 친구들이나 가족들은 나를 보고 좋아졌다고 한다. **와, 아기 낳더니 완전 날씬해졌구나!** 페이스북 친구들은 내 광대뼈에 대해 언급한다. 그 어느 때보다 갑자기 더 잘 보인다고.

나는 더 이상 효과가 없는 아티반 복용을 중지해야겠다고 결심한다. 어느 날 약을 먹는 것을 까먹었을 때라야 땀이 나고 배가 아프다고 느끼면서 약의 부재를 알아챈다. 의사는 더 이상 효과가 없는 이 약을 안전하게 중단하는 법을 위한 일정표를 만들어준다. 몇 주가 걸리는데, 불면의 밤과 알약 절단 도구, 그리고 확신이 없는 의지력을 필요로 한다. 마리화나가 도움이 된다.

레일라가 문장으로 이야기하기 시작하는 비슷한 시기에 나는 체중이 늘기 시작한다. 그녀는 조산아로 태어났거나 장애를 가진 다른 아이들과 함께 보스턴에 있는 초기치료 집단과정에 간다. 거기에 있는 동안 내가 그녀 옆에서 너무 멀리 떨어져 있는 것은 아닌지 걱정된다. 그녀가 말한다. **엄마, 나 여기 있어. 엄마, 나 여기 있어.** 내가 그녀에게 돌아올 때까지.

나중에 내가 없이도 거기에 머무르도록 할 때가 되자, 선생님은 그녀가 스스로 위로하기 위해 이 구절을 몇 번이고 반복한다고 말한다. **엄마가 여기 있네, 엄마가 여기 있어.** 그녀는 밤에도 방에서 그 말을 반복한다. 그 구절이 베이비모니터[baby monitor, 언제 어디서든 아기의 모습을 볼 수 있는 어플. 아기의 소리까지 감지한다]에 뜬다. 내가 즉시 내려가지 않으면 그녀는 울기 시작하고, 그런 다음 토할 것이

다. 그래서 나는 앤드루와 함께 그녀를 침대에서 재운다. **엄마 여기 있어.** 나는 그녀에게 말한다. 하지만 확신이 없다.

가정주부

할머니는 남편의 차량 이동영업이 실패하기 시작한 직후부터 현금을 "선호하는" 일을 하기 시작했다. 어머니는 어렸을 때 같은 아파트 건물에 살았던 나이든 이탈리아 남자를 기억한다. 할머니는 그를 만나기 위해 계단을 올라가곤 했다. 그녀가 내려올 때면 손에 현금을 들고 있거나 그날 밤 식탁에 음식이 좀 더 많아졌다고 엄마는 말한다. **창녀 같았다는 건 아니야.** 할머니는 가족을 먹여 살리기 위해서는 무엇을 해야 하는지 정확히 알고 있었을 뿐이었다. 게다가, 엄마가 말하기를, 그와 섹스를 했는지 아니면 단지 손으로만 해줬는지 그녀는 모른다고 한다. 어쩌면 그녀의 젊은 두뇌가 잘못 기억하는 것일 수도 있다. 그녀의 어머니가 얻은 대부분의 돈은 아버지의 주머니에서 빼돌렸다는 것을 그녀는 분명히 알고 있다.

어머니는 다섯 자녀 중 하나였는데 그중 셋과 함께 자랐다. 그녀의 둘째 오빠인 로버트는 폐렴에 끔찍하게 걸린 뒤 장애인이 되었다. 그 정도가 얼마나 끔찍했는지 나는 명확하게 모른다. 그는 열살 무렵에 휠체어를 탔고 열다섯 살이 된 후로는 장기 복지시설에

서 살았다. 할머니가 남편의 가족들에게 그곳에 데려가라고 압력을 넣었기 때문이다. 매주 몇 년 동안 그녀는 여덟 시간 걸리는 버스를 타고 그를 보러 갔다. 근처에는 그녀가 돈을 감당할 수 있는 시설이 부족했기 때문이었다. 나는 10대 때 그의 존재에 대해 알게 되었다. 그가 죽자 그녀가 장례식에 갔을 때였다.

어머니는 막내였다. 그녀의 어머니는 말 그대로 가정주부였다. 매일 저녁 식사를 준비하고 남편의 도움을 별로 받지 않고 자식들을 키웠다. 게다가 할머니는 전 인생을 통틀어 하루에 거의 열 시간씩 일했다. 그녀는 유모로 일했지만 골드스미스 브라더스 [Goldsmith Brothers, 일리노이 주에 본부를 둔 철강회사]라고 불리는 공장과 비행기 부품을 만드는 또 다른 회사의 조립라인에서와 같이 대부분 공장에서 일했다.

그녀의 남편—이웃에게는 조라고 알려진—주세페는 트럭을 가지고 있어서 이동영업을 했다. 그는 주말에는 이웃에 사는 아이들을 트럭에 태워 해변으로 갔다. 어머니는 조가 온종일 술집에서 보내는 남자들이나 근처에 사는 흑인 남자들처럼 아무도 쓰지 않는 남자들을 고용했다고 말한다.

그런 남자들을 고용하기 때문에 사업에 실패한다고 할머니는 남편을 비난했다고 한다. 고객들은 그들을 보는 것을 좋아하지 않는다고 말하고 싶었던 것이다. 그녀의 남편이 본격적으로 술을 마시기 시작했다는 사실만이 아니라, 너무도 심한 나머지 그가 밤에 마구 고함을 지르며 집에 왔을 때 어머니는 옷장 안에 들어가 문을

잠가버리곤 했다고 한다.

　조는 할머니와 헤어지고 나서 몇 년 뒤, 그러니까 내가 태어나기 오래전에 죽었다. 그는 자기가 살았던 아파트에서 스스로 열판 사고를 낸 뒤 불을 질렀다. 그는 당시 술에 취해 있었다. 그런데 그를 죽게 한 것은 화상이 아니라 나중에 병원에서 얻은 감염 때문이었다. 할머니는 치매에 걸리고 나서 잠결에 조의 이름을 외치거나 깨어있을 때는 마치 그가 거기에 있는 것처럼 가끔 대화를 나눴다고 어머니는 말한다. 그녀는 그의 죽음에 책임을 느꼈어, 그녀가 말했다.

*****

　집에 들어갈 때마다 뭔가 나쁜 냄새가 났다. 쓰레기통에서 나는 냄새인지, 냉장고에서 썩어가는 향이 강한 치즈 때문인지, 너무 오랫동안 식탁에 꽂혀있는 꽃 냄새 때문인지는 모른다. 내가 아는 모든 것은 제대로 된 냄새는 아니라는 것이다.

　앤드루는 뭔가 어디선가 문제가 있다는 나의 주장에 화를 내기 시작한다. 그는 아무 냄새도 안 나는 데다가 내가 하루 종일 나갔다가 집에 돌아왔을 때 언제나 코를 찡그리고 있는 것처럼 보이기 때문이다. 그리고 집에는 그 혼자만 있다. 내가 집에 있었다면 냄새가 나지 않는다는 것을 알 텐데, 라고 그가 생각한다고 나는 생각한다.

　아마 그렇지 않을 것이다.

　앤드루가 더럽거나 청소를 제대로 안 하거나 혹은 동등한 파

트너가 되는 것 때문이 아니라 내 코가 너무 예민한 나머지 사전에 감지했을 수도 있다. 임신했을 때 나는 앤드루가 가져오는 물을 한 잔 마시는 것도 거부했다. 냄새가 역겨웠기 때문이었다. **물은 냄새 가 없어!** 그는 소리쳤지만 여전히 새로운 물을 한 잔 가져왔다. 그 는 그런 식으로 친절한 사람이기 때문이다.

보스턴은 최악의 냄새가 난다. 보스턴에 있는 우리 집, 이라 고 해야겠다. 우리가 커다란 집에서 살고 있다는 사실에도 불구 하고—뉴욕에서 가졌던 그 어느 집보다도 크고 앞으로도 그럴 것 이다—집안 곳곳에서 냄새가 난다. 나는 세 개층 위에 사는 고양 이의 똥 냄새를 맡을 수 있다. 방 건너편 레일라의 침대에 있는 마 른 구토 냄새도 맡을 수 있다. 나는 영구히 역겹다고 느끼고 끊임 없이 청소한다.

부엌 조리대 위에 있는 더러운 컵을 볼 때마다 내 얼굴은 붉어 진다. 무례의 수준이—부당 여부를 떠나—마치 앤드루가 조리대에 뛰어올라 바지를 끌어내린 뒤 나보고 깨끗이 치우라며 거기에다 똥을 싼 것처럼 느껴진다. 내 남편은 사랑스럽다. 그는 페미니스트 다. 그는 요리를 한다. 내가 그를 지지하는 것과 똑같은 방식으로 그는 나의 일을 지지한다. 그럼에도 불구하고, 나는 앤드루가 모르 는 정신적인 목록을 강박적으로 만들기 시작한다. 레일라의 신발 크기는 몇인지, 그녀의 의사와의 다음 약속이 언제인지, 우리가 샤 워할 때 어떤 종류의 비누를 써야 하는지 등이 그것이다. 그가 직 장에서 늦게까지 머무르고 있으면 질투가 난다. 나는 사무실과 동

료와 심지어 통근까지도 갖고 싶어 죽을 것 같다.

그는 바닥에 있는 양말들과 조리대에 있는 컵들을 내버려 두라고 말한다. 그는 결국에는 치울 것이다. 하지만 난 그럴 수 없다. 난 그를 믿지 않는다. 그리고 뭔가 문제가 있는 집에서 나는 글을 쓸 수 없다.

유전일지도 모른다.

내가 자랄 때 우리 가족에게는 잡지라든가 집 열쇠들, 반쯤 들어있는 소다 병과 같은 것을 절대 내려놓지 말라는 농담거리가 있었다. 우리의 손을 떠나는 순간 어머니가 "그것 좀 치워"라고 말했기 때문이다. 아버지, 여동생, 그리고 나는 이 빌어먹을 집안에서 아무것도 찾을 수 없다며 그녀를 향해 비명을 지르곤 했다. 그녀가 다 치워버렸기 때문이었다.

깨끗하지 않은 집은 즉시 깨끗해졌다. 모든 것이 자기 자리를 가지고 있었고, 모든 것이 제 자리에 있어야만 했다. 놀러 오는 친구들은 거지 같은 동네 한복판에서 이 반짝반짝 빛나는, 잘 꾸며진 집을 보고 놀라워했다. 자기들이 알아서 간식을 가지러 갔을 때에는 더욱더 그랬다. 어머니는 냉장고를 음식으로 꽉 채웠는데 물건들을 이리저리 옮기지 않고서는 냉장고 문을 닫을 수 없을 때가 부지기수였다. 찬장에는 수십 개의 파스타 상자와 통조림 식품을 보유하고 있었다. 과자와 시리얼, 간식거리들이 각기 열 종류씩 있었다.

자랄 때 얼마나 먹을 게 없었으면 저러겠냐고 아버지는 우리들에게 말했다. 그녀는 그저 그것들에 둘러싸여 있기만을 바랄 뿐

이라는 것이었다. 거기에 있다는 것을 알면서도.

레일라는 보스턴에서 정말로 숨을 쉴 수가 없다. 마치 내 코가 하는 것과 똑같은 것을 그녀의 폐가 감지할 수 있다는 듯. 우리는 그녀가 숨을 너무 가쁘게 쉬기 시작하거나 기침이 멈추지 않을 때에는 2개월마다 응급실로 데리고 간다. 보험회사는 조산아들이 호흡기세포융합바이러스[RSV, 1세 미만의 신생아 및 영아에서 모세기관지염과 폐렴을 일으키는 호흡기 바이러스]를 예방해야 하는 예방접종 비용을 보장해주지 않는다. 그 바이러스는 너무 작게 태어난 아기들에게는 치명적일 수 있는 폐 감염을 유발한다. 우리는 직접 백신을 구입할 수 있기를 바라는 마음에 곧장 회사에 전화를 건다. 하지만 주사 한 대당 4천 달러가 든다. 1년을 거쳐 가려면 족히 다섯 대가 필요하다.

레일라는 RSV에 걸린 뒤 병원에 실려 간 후에도 먹거나 잠을 자거나 정상적으로 호흡을 할 수 없다. 보험회사는 가망이 없다고, 죽음이 임박해 있다고 우리에게 말한다. 그래서 나는 레일라를 데리고 그녀의 오래된 소아과 의사가 있는 뉴욕으로 차를 몬다. 그는 사무실 뒤의 냉장고에 그것을 구할 수 없는 사람들을 위한 약을 일부 준비해 두고 있다. 그녀가 내 팔에서 울부짖는 동안 그는 주사를 놓는다. 이것이 내가 다른 어느 곳보다 퀸즈를 언제나 선호하는 이유다. 내 부모님과 자영업자들의 자치구는 제도가 우리를 엿먹일 때 그것을 작동하게 하는 법을 아는 사람들로 채워져 있다.

보스턴에 있는 집에 도착했을 때 나는 레일라가 넘어지지 않

도록 내 엉덩이로 균형을 맞춘 채 문을 연다. 냄새는 다시 거기에 존재한다. 하지만 이번에는 찾을 수 없다. 냉장고에는 아무것도 없다. 쓰레기는 조금 전에 막 비워졌다. 나는 옆 마당까지 가서 우리 집 강아지 만티가 남긴 똥의 잔재를 깨끗이 치운다. 그것이 변화를 가져올 것이라는 희망으로. 나는 그날 밤 냄새를 가리려고 베개로 얼굴을 덮었는데도 잠을 잘 수가 없다.

앤드루와 나는 부부치료요법을 받아오고 있다. 나의 불안과 우리 관계에서 차지하는 불안의 공간에 앤드루가 미칠 지경이기 때문이다. 우리의 기본적인 분위기는 서로를 향한 낮은 수준의 짜증에서부터 마루 위에 널브러진 그의 옷들이나 아보카도를 넣은 샐러드를 만드는 것을 내가 거부한다든가 하는 등의 가장 작은 것에서 전면적인 분노로 바뀌는 경향이 있다. 치료사는 내게 앤드루가 집안일을 더 많이 하면 덜 분개하겠냐고 묻고, 앤드루에게는 발언권이 더 강해지면 괜찮겠냐고 묻는다.

나는 내가 그를 미워하는 건지도 모른다고 느끼고 그도 똑같은 것을 느끼리라 짐작한다. 그는 나의 외상 후 스트레스 장애PTSD가 통제불능에서 나온 것이라고—아직은—진심으로 믿지 않는다. 많은 사람들이 느끼기는 하지만 그렇다고 다른 모든 사람들이 그것을 볼 수 있다는 것을 의미하지는 않는다고 그는 말한다. 그것은 내가 멈출 수 없는 것이 아니고 내 모든 삶이 그것을 중심으로 돌아가야 한다는 게 아니라고 한다. 나는 그를 감정적인 로봇이라고 비난한다. 그는 나를 이기적이 되기 위한 구실로 불안을 이용

한다고 비난한다.

　몇 달 후 우리는 내 외상 후 증상이 우리의 관계에 영향을 미치는 방법에 전념하는 기간에 들어간다. 치료사는 안구운동 민감소실 및 재처리 요법[EMDR, Eye movement desensitization and reprocessing, 눈동자의 급격한 움직임을 적극적으로 이용하여 다양한 경험으로 생기는 정서적 고통이나 나쁜 기억의 영향을 치료하는 것. 특히 PTSD에 치료 효과가 입증되어 널리 사용되고 있다]이라 불리는 것을 하고 싶어 한다. 그녀가 내게 비닐로 코팅된 "부정적 의미를 함축한" 목록을 건네면서 가장 공감하는 것을 하나 고르라고 말할 때 나는 내가 울기 시작해서 놀란다. 내가 고른 것이 **죽어 마땅하다**는 것이기 때문이다. 아니, 놀라지 않는다. 아마 당혹스러움일 것이다. 목록에 있는 문장들에서 그 문장은 너무 수행적이다. 그렇다 하더라도 어쨌든 나는 그것을 고른다.

　나는 그것에 대해 앤드루와 두 번 다시 이야기하지 않는다.

*****

　외할머니가 아프자 어머니는 집에서 지내는 시간을 덜 가졌다. 하지만 하루 종일 일할 때조차도 정말로 집을 반짝반짝 빛나게 했고 저녁에 퇴근 후에는 할머니를 돌보았으며 주말에는 그녀를 목욕시키거나 의사와의 약속에 데려갔다. 하지만 집에 있는 시간이 적어졌고 그녀가 집에 있을 때조차 나는 그녀의 생각이 다른 데 가 있다는 것을 알았다.

여동생과 나는 가능한 한 자주 할머니를 찾아뵈려 했다. 할머니는 아스토리아에 있는 오래전에 설비한 건물의 11층에 계셨는데 욕조와 화장실 근처에 도움 전화를 걸 수 있도록 전화선을 끌어당겨 놓았다. 아파트는 빛나는 예수님 그림들과 손주들 사진으로 가득 차 있었다. 그곳에서는 할머니의 얼굴에서 기름을 닦아내는 데 사용하는 콤팩트 파우더를 오줌 위에 덮은 것 같은 냄새가 났다.

그녀가—약속이나 가족 파티처럼—외출을 필요로 할 때 어머니는 그녀와 함께 앉아서 연필로 눈썹을 그린 뒤 입술을 채우면서 "변신하는 것"을 도왔다. 할머니는 진짜로 얼굴에 전혀 주름이 없다며 얼마나 기쁜지 종종 언급하곤 했다. 그것은 사실이었다. 그녀는 주름이 없었다. 처진 피부의 대부분이 그녀의 목 아래에 매달려 있었기 때문이었다. 마치 얼굴이 약간 녹아버린 것처럼.

그녀는 툭하면 착각했고, 집에서 실수를 하기 시작했다. 우발적으로 이를 질 크림으로 닦거나 개를 씻기는 데 사용하는 샴푸를 먹이로 줬다. 그녀는 우리의 자동응답기에 씻는 것을 도와주러 온 여성이 "내 음부를 원하는" 레즈비언이라고 주장하는 메시지를 남겼다. 그녀는 뒤로 갈수록 이상한 남자가 자기를 따라온다거나 아파트 문밖의 복도에서 자기를 기다리고 있다고 확신하게 되었다.

어머니는 더욱더 자주 들르기 시작했지만 그녀가 죽었을 때는 거기에 없었다. 관 속에서 그녀의 화장은 적절치 않아 보였다. 얼굴이 너무 진한 분홍색이었다. 롱아일랜드시티 장례식장의 탁하게 재생되는 공기 냄새만 날 뿐, 나는 그녀의 파우더 냄새를 맡

을 수 없었다.

체리

"얼른 서둘러야 해."

한 번의 낙태를 해본 페미니스트는 이해할만하다고, 기대조차 할 수 있다. 두 번을 한 여성—어머니—은 자신의 인생에 뭔가 잘못하고 있는 것이 틀림없다.

그런데도 나는 급히 서둘렀다.

임신한 것을 감수할 수 없는 나의 몸은 확실히 애를 배고 싶어 하는 것 같다. 마치 나의 몸이 나를 죽이고 싶어 하는 것 같다고 할까. 내가 사랑하기로 되어 있는 것이지만 나를 끝장낼 뭔가로 채우고 있는 것 같다.

내가 다시 임신한 그 주 주말에 우리는 고속 모터보트를 타면서 보냈다. 롱아일랜드에 있는 친구네 집에 차를 몰고 가기로 되어 있던 전날 밤 콘돔이 찢어졌다. 우리는 차로 가는 동안 사후 피임약을 구하는 것에 대해 이야기를 나눴지만 교통이 너무 혼잡해서 거기에 도착하기만을 바라게 되었다. **괜찮아, 내가 말했다. 24시간 이내에는 효과가 있을 거야.** 재수 없게 잘난 체라니!

나는 보트를 싫어했다. 친구 조쉬는 배를 완벽히 능숙하게 조종했지만 나는 다리로 레일라를 감싼 채 손잡이처럼 보이는 것을 꽉 붙잡고 있었다. 속력을 내는 보트 뒤로 어느 순간 그녀가 날아가 버릴 것 같았기 때문이었다. 그녀는 내게서 떨어지려고 몸을 꿈틀거렸고, 은색에 가까운 금발 머리를 얼굴에 휘날리며, 웃으며 소리 질렀다. **우와! 더 빨리! 너어어어어무 재미있다!**

그녀가 보트 뒤쪽에서 떨어지면 무엇을 할 것인지 생각했다. 아마 괜찮을 거라고, 나는 추론했다. 왜냐하면 보트가 아주 빨리 가고 있어서 설령 그녀가 모터에 걸려도 벌써 보트는 멀리 가고 없을 테니까. 나는 그녀의 작은 몸과 모터에 대해 생각하며 눈을 감았다. 나는 뛰어내리는 것을 상상했다.

조쉬가 작은 해변 가까이로 보트를 몰아서 우리는 잠깐 수영을 할 수 있었고 그의 두 아들은 주저하지 않고 물속에 뛰어들었다. 우리는 땅에서 멀리 떨어져 있지 않았기 때문에 나는 물길을 능란하게 헤치며 나아갔다. **그녀를 넘겨 줘.** 앤드루에게 말했다. **해안까지 그녀를 데리고 헤엄칠 수 있어.**

나는 레일라를 내 엉덩이에 받쳤고, 그녀는 내 목덜미에 팔을 감았다. 그리고 나는 횡영橫泳을 하기 시작했다. 2분도 안 되어 나는 숨이 차기 시작했다. 레일라는 발로 내 배를 꽉 누르며 내 위로 더 높이 기어올랐다. 나는 그녀에게 거의 다 왔으니 진정하라고 말했지만 그녀는 계속해서 누르고 있었다. 그녀의 발은 이제 내 갈비뼈 아래에 있었고 나는 점점 더 아래로 가라앉는 것을 느꼈다.

나는 익사에 대해 생각했다. 내가 가라앉으면서 누군가를 꽉 붙잡은 상태에서 어떻게 그녀를 떠받칠 것인가. 내가 할 수 있는 방법이 없긴 하지만, 그녀를 어떻게 구조할 것인가. 모든 사람이 내가 얼마나 용감했는지 말하고 싶어 할 것이다.

그런데 내 발가락이 바위에 부딪혔고 나는 땅 위에 발을 내려놓을 수 있었다. 나는 모래에 이르렀고 숨이 찼지만 괜찮았다. 레일라는 조개껍질을 모으고 새들을 뒤쫓으러 달려갔다.

몇 주 뒤, 나는 앤드루에게 말하지 않고 임신 테스트를 했다. 그를 걱정시킬 필요가 없다고, 나는 생각했다. 양성 반응이 나왔을 때 나는 통곡했다. 레일라가 무슨 일이냐고 물으며 달려왔다. 그녀는 내가 이처럼 욕실 바닥에 앉아서 큰 소리로 우는 것을 본 적이 없었다. 나는 그녀에게 괜찮다고, 내 딴에는 미소 지으면서 말하며, 전화기를 들었다. 그녀는, 미심쩍게, 웃었다.

앤드루는 그로부터 한 시간도 채 안 돼 집에 왔고 어머니는 멀지 않은 곳에 있었다. 앤드루와 나는 집을 나와서 패티 멜트[Patty melt, 빵 사이에 햄버거 패티와 마요네즈, 치즈가 들어있는 샌드위치의 일종]를 먹으러 우리가 막 이사 간 브루클린의 아파트에서 2블록 위에 있는 스미스가Smith Street로 갔다. 그는 조심스럽게 듣기 좋은 말들을 늘어놓았지만 그가 내게 원하는 것을 나는 알고 있었다. 우리의 결혼생활은 레일라의 탄생 이후—내게 무엇이었는지 보스턴을 통해—2년을 가까스로 버텨왔고, 그 시간은 운이 좋았다. 그 시간에는 그 모든 과정을 겪으며 살았던 아기가 있었다. 레일라는 거의 1

년간 병원에 가지 않을 정도로 이제는 건강해져서 우리는 마침내 뉴욕으로 돌아왔다. 그럼에도 우리는 예정되어 있는 논리적인 일을 하는 시늉을 내고 있었다.

우리는 전문가들과 약속을 잡았고 가족들과 친한 친구들에게 이야기했다. 나는 울었다. 임신과 관련되어 재미있는 것은, 의사는 다른 건강 위험 요소와 더불어 최선의 조치가 무엇인지 말하는 데 어려움을 겪지 않는다는 것이다. 그러나 어떤 의사도 임신한 여성에게 어떻게 하라고 말하지 않을 것이다.

당신은 해낼 수 있어요, 그들은 말한다. 하지만, 그래요. 24시간 이내에 헬프증후군이 올 수 있고, 간이 손상될 수 있습니다.

우리가 지켜볼게요, 그들은 말한다. 하지만 당신이 병에 걸리는 것을 막을 순 없어요.

아기에게 무슨 일이 일어날지는 우리도 몰라요.

우리는 일주일 동안 의사들과 계속 만나서 이야기를 나누었다. 다시 도시로 이사 왔기 때문에 나는 고정적으로 다니는 산부인과가 없었다. 그래서 한번도 만난 적이 없는 의사에게 가서 최근의 임신에 대해 울면서 이야기하는 동안 그녀는 내게 초음파를 보여준다. 신생아 집중치료실에서의 입원 기간, 내 혈압과 간 수치를 열거하자 그녀는 초음파 화면을 내게서 외면시킨다. 그녀는 화면의 소리를 낮춘다. 하지만, 여전히, 나는 화면의 깜빡거림을 본다.

검사를 받고 나서 일주일 뒤인 그날, 나는 앤드루에게 임신을 끝내고 싶다고 말한다. 그는 나 스스로 올바른 결정을 내릴 줄 알

았다고 말한다. 우리는 내가 아는 곳에 약속을 잡는다. 전에 가본 적이 있던 곳이다.

*****

내 몸은 제대로 역할을 한 적이 없었다. 중학교 때 지하철을 타기 시작했을 때부터 위에 있는 손잡이를 잡고 있을 때나 가운데 있는 쇠기둥을 잡고 있을 때 몸이 한쪽으로만 기울어져 있다는 것을 알았다. 오른쪽 엉덩이를 삐죽이 내밀어 내 체중의 대부분을 그쪽에 싣게 하면 손을 받칠 수 있는 허리와 엉덩이 사이의 공간을 가질 수 있다. 하지만 똑같은 것을 몸의 왼쪽에다 하려고 하면 엉덩이가 없어졌다—허리와 엉덩이뼈가 굴곡이 없이 곧추세워졌다.

의사는 내 셔츠를 목까지 끌어올려서는 몸을 앞으로 숙이라고 하더니 등을 위아래로 만졌다. 그는 어머니에게 척추 측만증이라 했고 첫 생리를 하고 나서 2년이 지나 성장이 멈추었기 때문에 할 수 있는 게 아무것도 없을 것이라 했다. 그런데도 부모님은 맨해튼에 있는 데다 병원과 제휴하기 때문에 무척 훌륭하다고 들은 전문의에게 나를 데려갔다. 나는 엑스레이를 찍기 위해 어느 쪽으로 열리게 해야 하는지 모르는 가운을 입으려고 옷을 벗었다.

사진은 금방 나왔고, 의사는 어머니에게 휘어진 척추를 두 개 보여줬다. 어깨뼈 근처의 상단에 있는 것은 경미했지만, 엉덩이에 있는 뼈는 거의 30도 각도였다. 그것은 한쪽으로는 기울이는 게 불

가능하다는 것과 오래 서 있거나 오래 앉아 있거나 혹은 오랫동안 잘 때 등에 통증이 온다는 것을 말해줬다.

현실적인 의학 정보를 인식하기엔 너무 어렸지만 내가 정말, 진심으로 나의 엑스레이를 좋아한다는 것은 알았다. 내가 예쁘다고 생각했던 가슴의 윤곽선을 볼 수 있었고, 두개골에서는 기계에 등을 대기 전에 입에서 뱉어야 하는데 까먹고 있었던 껌 조각과 귀걸이를 볼 수 있었다. 나는 그 사진을 가져도 되겠냐고 물었고 의사가 그것을 커다란 갈색 봉투에 넣어줘서 집에 가지고 올 수 있었다.

이따금 내가 좋아하는 남자애들이 우리 집에 들렀을 때 나는 입에 껌이 있는 게 얼마나 재미있는지 보장한다며 엑스레이 사진을 보여줬다. 하지만 그들이 했던 반응은 내 젖가슴 사진을 보기 위한 것이었다. 비록 윤곽선에 불과할지라도.

삼십 대인 지금, 나는 내가 너무 철칠하지 못하였던 것이 척추 측만증 때문이 아니었을까 한다. 만약 내가 다소 기울어졌다면 그것이 왜 내가 집 주변에서 산책할 때 여기저기 계속 쾅 하고 부딪쳤는지, 왜 부딪치면서 똑같은 새끼손가락만 두 번이나 부러졌는지 이유가 되는 것이다.

나는 깨어보면 어디서 들었는지 모르는 멍이 생겨있다. 마치 술 마시고 다닐 때 그랬던 것처럼. 하지만 나는 술을 마시지 않는다. 잠을 자면서 생긴 것도 아니다. 수면제나 퀸즈 대로에 있던 부모님의 건강식품 가게에서 가져온 멜라토닌[melatonin, 수면 유도제]을 복용하면 대부분은 밤새 잠이 들지만 그래도 너덧 번은 오줌을

누려고 일어난다. 의사는 자기 전에 물을 마시지 말라고 하지만 여전히 나는 일어난다. 가끔은 그렇게 깬 뒤 그대로 있을 때가 있는데, 한밤중에 우리 침대로 들어와 자고 있는 앤드루와 레일라를 지켜보면 그들이 나와 얼마나 다른지가 문득 떠오른다.

그래서 나는 아파트를 걸어 다니거나 다시 잠들 수 있을 정도로 피곤해질 때까지 질로[Zillow, 미국의 부동산 거래 사이트]에 올라와 있는 내가 결코 살지 않을 부동산 목록을 병적으로 살펴보면서 거실 소파에 앉아 있다.

*****

낙태하는 날 아침에 그들은 내게 전화해서 자기네 주소를 말한다. 보안을 목적으로 거의 일주일을 비밀로 해 두었다는 사실을 말하는데 지난 몇 년을 아무리 돌이켜봐도 그들이 말한 주소가 기억이 나지 않는다. 시내 어딘가에 병원보다는 사무 공간이 더 많았던 평범한 건물의 고층에 있었던 것은 확실히 기억난다.

바로 지난번처럼 나는 거기에 혼자만 있다. 이번에는 혼자 있게 되는 특권으로 천 달러가 넘게 든다. 나는 그들이 나를 기억하는지 궁금하다. 첫 낙태 후 몇 달 지나서 책이 출간되었던 터라 그들에게 책을 만들 수 있도록 도움을 줘서 고맙다는 쪽지와 함께 책을 한 부 보냈었다.

이전처럼, 병원이 아니라 조산소에 더 가깝다. 차에서부터 사

탕, 그리고 부드러운 목소리를 지닌 간호조무사까지. 하지만 그것이 의사가 더 이상 정맥진정요법[IV sedation, 정맥 속에 진정제를 직접 주입하는 방법으로 수면 치료의 일종]을 제공하지 않는다고 말할 때 나의 울음을 멈추게 하지는 않는다. 비코딘 한 알만으로는 전혀 통하지 않는다는 것을 나는 안다. 세상에서 최악의 조합이다. 고통을 오래 참지 못하는 마약 중독자의 진통제에 대한 내성이라는 것은. 그럼에도 나는 약을 먹는다. 이번에는 어쩌면 내가 틀릴지도 모른다는 희망으로.

이번이 두 번째라 덜 아프다고—어떻게 될지 아는 것이 도움이 된다고—말할 수 있으면 좋겠다. 그러나 나는 거기에 있고 싶지 않았다.

나는 사후피임약을 복용하고서 하루를 기다리는 나 자신이 싫었다. 나는 정말이지 사람들이 내 몸에 하는 일, 내 몸 안에다 하는 일을 알고 있다는 듯 가장하면서 아무 할 일도 없이 내 머리맡에 앉아 있는 앤드루가 싫었다. 그는 눈곱만큼도 몰랐다.

내가 레일라를 한창 낳고 있을 때 의사들에게 그녀를 낳게 하지 말아 달라고 설득하려 했던 지점이 있었다. 비록 내가 출산을 늦추는 순간마다 더 아파지더라도. **그녀를 안에 내버려 둬요. 난 상관없어요.** 하지만 그들에게 그녀를 안에 내버려 두라고 간청하면서도 내 몸은 그녀를 빼내기 위해 더욱더 열심히 작동하고 있었다.

이제, 다시 한 번, 내 몸은 내 소망을 무시했다. 의사에게 이것이 내가 원했던 것이라고 확언할 때조차도 이를 악물고 참고 있어

야 했다. 이 임신이 아기가 될 수 있는 아기에게 사형선고가 될 수 있다며 임신을 지속시키려고 나와 싸우려 들었다.

나는 수술 과정에서 닥쳐오는 통증에 굴복하지 않았다. 차갑고 **딱딱한 질경** [speculum, 질 속에 집어넣어 질벽 및 질부나 자궁을 노출하여서 시진視診이나 수술을 편리하게 하는 기구]이 내 안의 아주 높은 곳에 있는 게 느껴졌다. 질에서부터 복부 안에서까지 나오는 통증은 마치 내가 꼬챙이에 꿰어진 것처럼 느껴지게 했다. 옆에 있는 간호사가 배변운동을 하는 것처럼 전력을 다하면 진정하는 데 도움을 줄 거라고 말했다. 그것은 실제로 도움이 됐지만 여전히 너무 아팠다. 나는 둘로 보이기 시작했다.

얼굴과 손이 저려오는 것을 느꼈다. 앤드루는 긴장하고 있는 듯 보였고 나는 의사가 다 끝났다고 하는 말을 들었다. 그녀는 내 머리가 있는 곳으로 왔다. **다리를 들어 올리세요**, 간호사에게 말했다. 그들은 내 다리를 머리 위로 무거운 짐짝처럼 들어 올렸다. 간호사가 내 이마와 손목에 젖은 종이타월을 꾹꾹 눌렀다.

그들은 내가 다른 사람들에 비해 통증에 대한 내성이 가장 낮다고 말했다. **환자분은 너무 과민하세요!** 나는 거기에 누워서 얼굴에 온기가 돌아오기를 기다리고 있었다. 그리고 온기가 돌아왔다. 호흡이 점차 안정되면서 나는 울음을 멈추었다.

의사는 주사기에서 뽑아낸 것을 가지고 개수대로 가서 그것이 거기에 모두 있었다는 증거를 살폈다. 그들이 살펴보는 것을 마치자 남아있던 것을 하수구로 흘려보냈다고 앤드루는 나중에 말한다.

서서히, 앉아있을 수 있게 되었는데도 여전히 앤드루는 내 곁에 있다. 젖은 갈색 종이타월이 내게 달라붙어 있다. 내 바지와 속옷이 가까이에 있는 의자 위에 있다. 한결 나아진다.

내 딸은 집에서 나를 기다리고 있다. 어머니가 그녀와 같이 있고 몇 시간 더 머물 예정이라 나는 전기담요와 진통제를 가지고 침대로 기어가서 자리를 잡는다. 나는 딸과 함께 아무런 사전 지식 없이 토마토소스 파스타를 만드는 우리의 주말 의식을 계속할 정도로 충분히 좋아질 것이라 생각한다.

떠나기 전에 간호사는 내게 사탕을 원하냐고 묻는다. 나는 체리를 골랐다.

초콜릿

레일라는 자기 모습을 그린 적이 있었는데 그녀의 친구 모두가 볼 수 있도록 유치원 사물함 위쪽에 걸어놓고 싶다고 했다. 그림은 금발 머리에 녹색 눈, 붉은색 크레용으로 그려진 몸을 하고 있었다. 발밑에는 네 개의 낱말이 쓰여 있었다. **나는 수줍은 아이, 레일라야.**

"수줍은"이라는 말은 우리가 그녀에게 사용하는 말이고, "무언증無言症"이라는 말은 그녀의 치료사가 사용하는 말이다.

레일라의 희망은 친구 모두가 볼 수 있는 곳에 이 그림을 걸어놓고 선언을 함으로써 왜 그녀가 아무와도 말을 하지 않는지 그들이 조금이라도 이해할 수 있도록 하는 것이었다. 안녕이라는 인사를 하지 않아도, 고맙다는 말을 하지 않아도, 말을 한마디도 하지 않아도. 그저 침묵만으로도.

가끔 기분이 유쾌할 때 레일라는 친구들에게 손짓으로 신호를 보낼 것이다. 누군가의 관심을 끌고자 할 때 **응**, 혹은 **아니**, 라며 고개를 끄덕이거나 혀를 차는 소리를 내거나 휘파람 소리를 낼 것이다. 반에서 가장 편안한 가장 친한 친구에게는 입 모양으로 문

장을 말할 것이다.

대부분의 날들은 **난 걔가 너무 좋아, 엄마**라면서 딸은 나에게 유치원과 가장 친한 친구에 대해 재잘거리지만 상상의 친구에 대해서도 말한다. 얼음으로 거리를 지저분하게 만드는 '최고의 악당 눈사람'은 그녀가 걷기 어렵게 만든다. 그녀의 코딱지, 그녀의 똥, 그녀의 장난감, 그리고 간밤에 꾼 꿈(해변에 있는 무당벌레)에 관해 이야기한다. 때때로 그녀는 웃으면서 잠에서 깬다. 킥킥 웃는 게 아니라 발작하는 것 같은 웃음소리다. 그녀는 꿈속에서 그렇게 재미있던 것을 전혀 기억할 수 없다.

나는 유치원에서 견딘 침묵의 시간들이 그렇게 만들었다고 믿게 되었다. 그래서 하루가 끝날 때쯤이면 그녀는 필사적으로 말을 꺼내려 한다. 문장들은 멈추지 않고 서로 흘러든다. 말을 하기 시작하면 그녀는 다른 아이들보다 늘 조리 있었고 어린 나이에도 여러 단어와 복잡한 문장들을 조합할 수 있었다.

그녀가 두 살이었을 때 어린이집에서 다른 아이들과 말하지 않았는지에 대한 이유가 그것인데, 우리는 그것을 별로 중요하게 생각하지 않았다. 우리들은 그녀가 왜 선생님들하고만 얘기했는지 이해가 되었다. 친구들은 문장을 조합하지 못했던 것이었다. 왜 친구들하고는 얘기하지 않는지 물었을 때 그녀는 우리에게 곧바로 말했다. **그들은 얘기하는 법을 몰라요, 엄마.** 그렇게 해서 우리는 부모의 자부심으로 눈이 멀게 되었다.

그녀가 세 살이었고 여전히 침묵했을 때 우리는 반에서 성비가

깨졌기 때문이라고 여겼다. 대부분이 남자아이들로 시끄럽고 활기가 넘쳤던 것이다. 레일라는 나이에 비해서 여전히 너무 작았고 다시 조용히 노는 것을 선호했다. 우리는 걱정하지 않았다.

하지만 네 살이 되어 조용하고 협조적인 퀘이커교Quaker 유치원에 갔을 때, 레일라는 우리에게 여러 달을 알아온 다른 아이들과 얘기를 할 수 없다고 했다. 말하려고 시도했을 때 마치 그들과 처음 만나는 것 같은 느낌이 들었다는 것이다. 그녀는 너무 두려웠다고 했다.

선택적 무언증이라는 진단이 나왔다. 어떤 특정한 환경이나 어떤 특정한 사람들과 있을 때 아이들이 말이 없어져 버리게 되는 불안 장애이다. 레일라에게 그것은 오직 성인들하고만 얘기한다는 것을 의미한다. 아이들과는 안 하고, 그녀가 알고 좋아하는 어른들하고만.

자신의 딸이 다른 아이와 말하는 것을 전혀 본 적이 없는 기묘함을 설명하기란 어렵다.

한두 번 그녀는 스스로 자신의 규칙을 잊어버려서 한두 마디가 나오는 실수를 저질렀다. 그녀의 아버지와 내가 즐겁게 그 경우를 지적하면서 그녀가 미쳤다고 했을 때 그녀는 절대 아무것도 말하지 않았다고 주장했다. 그것으로 상상하건대 그녀는 그 방에 있는 성인들에게 말을 한 것이었다. 그녀는 동요하지 않는다. 두려움에서 온 것인지 말할 능력이 있다는 것을 믿기 꺼리는 것인지 잘 모르겠지만.

그녀는 친구가 있다. 우리는 그 점을 고마워한다. 레일라가 얘

기하지 않는다는 것을 친구들은 알면서도 플레이데이트[playdate, 아이들이 함께 놀 수 있도록 부모끼리 정한 약속]를 하는 동안 그녀의 침대 위에서 뛰어노는 것을 멈추지 않는다. 그녀와 손을 잡고 포옹하는 어린 소녀들 중에서, 한 어린 소녀는 매일같이 하트 모양에 자기들 이름을 넣은 사랑의 편지를 쓴다. 그들은 서로 자신을 가리키면서 사랑한다고 말하고는 손으로 하트 모양을 만들고 그런 다음 상대방을 가리킨다. 사랑의 감정을 많이 느낄 때 그들은 자신들의 감정의 깊이를 보여주기 위하여 팔을 넓게 벌려 껴안음으로써 일련의 손동작을 끝낼 것이다.

무척이나 할 말이 많은 아이가 친구를 보고서 침묵하는 것을 보는 것은 순전한 고통이다. 의사소통하는 것에 도움이 되도록 자기의 목소리를 사용하는 것이 아니라 자기만의 수화를 만들어내는 것을 지켜보는 것은 끔찍한 일이다. 스스로를 옹호할 수 없는 곳이거나, 아니면 더 나쁘게는 기쁨을 충분히 표현해야 하는 곳에서 침묵하는 것과 같은, 앞으로 다가올 미래를 생각하지 않을 수 없기 때문이다. 그리고 친절하고 이해심이 있는 다섯 살짜리들이 있긴 하지만, 아이들은 그런 다정함을 그리 오래 유지하지 않는다.

그래서 나는 내가 그녀에게 물려준 것이 침묵이 아니라 그 뒤에 있는 두려움이라는 것을 잘 알면서도 전문가가 시킨 것을 한다. 트라우마와 불안에 대한 유전적 성향은 그녀가 나에게서 받은 유일한 것이다. 다른 모든 것들, 좋은 모든 것들은 그녀의 아버지의 것이다. 낯선 사람들에게 내가 그녀의 어머니가 아니라 유모라고

믿게 만드는 그녀의 금발머리와 녹색 눈과 그녀의 지능, 그녀의 유머, 그녀의 호기심과 같은 모든 특성은 나 자신에게서는 인식할 수 없는 것들이다.

레일라가 태어났을 때, 나는 어쨌든 그녀가 정말로 나의 것이 아니라 모두 앤드루의 것이라는 이 느낌을 가지고 있었다. 내가 아이는 낳았을지라도 내 것은 단 한 부분도 가져오지 않은 것 같았다. 그러나 지금은, 그러한 것들과 함께, 그녀가 내 것을 그만큼 많이 가졌다는 것을 알고 있다. 그녀에게 미안하다고 말하고 싶다.

가끔 나는 **니가 말할 수 있다는 것을 알고 있으니 말 좀 하란 말이야**, 라고 소리 지르고 싶기 때문에, 그야말로 말을 내뱉을 수 없는 게 어떻게 가능한지 이해할 수 없기 때문에, 나 자신이 싫어진다. 그러나 또 한편으로는 그녀가 용감해지려고 애쓴다는 것을 친절하게 내보일 때조차도 손으로 입을 가리는 것을 보며, 그녀가 고의로 저지하고 있는 게 아니라는 것을 안다.

우리는 치료하기 위해 돈을 쥐어짠다. 선생님들과의 전화 통화 비용, 맨해튼에서 그녀의 유치원에 이르기까지 이동 거리에 따르는 치료사 비용, 검진 기간 동안 들어가는 비용 등 보험회사가 보장해주지 않는 돈이 우리에겐 필요하다. 우리는 "용감한 대화" 목록을 만들어 그녀가 공포에 질린 순간 말을 할 때 그녀에게 주기 위해 상을 모은다. 나는 놀이터에서 내 침묵의 아이를 괴롭히는 다 큰 남자애들에게 그들의 밥맛없는 브루클린 부모가 싸늘하게 지켜보는데도 소리 지른다.

한 친구가 레일라에게 생일선물로 "요정의 문"[fairy door, 요정이 드나든다는 문으로 아이들에게 인기 있는 인테리어 소품]을 준다. 우리는 그 문을 벽에 달아주고 그녀가 자는 동안 그 문이 방에 요정을 데려올 거라고 말한다. 요정이 그녀에게 용감해지라고 재촉하는 짧은 편지를 나는 크레용으로 쓴다. 거기에 내가 어렸을 때 꼈던 작은 금반지를 붙여놓고는, 나는 그것이 마법을 부려 그녀가 말을 꺼내는 데 도움이 될 거라고 이야기한다. 그녀는 그것을 목걸이에 건다. 언젠가는 반 친구들을 바라보며 선생님에게 말할 수 있게 될 것이다.

앤드루와 내가 무언가를 가지고 있다면 그것은 언어이다. 때로 우리가 서로 이야기를 나누는 언어 중에 너무도 많은 부분은 말문을 트려는 노력의 일환이다. 나는 매일 신문에 써야 할 기사가 너무 많다. 가끔 나는 정말로 내가 방에 있는 게 아니라 단지 떠다니는 미소와 언어만이 나를 둘러싼 공간을 채우고 있는 것처럼 느껴진다.

레일라는, 하지만, 저기에 존재한다. 그녀는 자기가 얼마나 크고 있는지, 몸무게가 얼마나 나가는지, 얼마나 많은 공간을 차지하고 있는지 이야기하고 싶어 한다. **춤추는 거 보세요, 손뼉 치는 거 보세요, 이 스웨터 좀 보세요, 분홍색이에요!** 우리가 부모님과 함께 뉴욕 북부에 있을 때 그녀는 어머니의 정원에서 세이지 잎[sage, 약용·향료용 허브]을 내게 가져다주고는 냄새를 맡아보라고 지시한다. 그리고는 그것을 내 얼굴에 대고 문지른다.

우리는 추수감사절에 그녀를 데리고 앤드루의 부모님을 뵈러 캘리포니아로 간다. 레몬나무가 있는 뜰에서 조부모님과 함께 놀

게 하려고 학교는 2주 동안 빼먹게 한다. 그녀는 남편이 어린 시절에 살았던 집의 욕조에 줄지어 서 있는 고무로 된 작은 오리 군단을 무척 좋아라 하고 인형 옷을 바느질하기도 한다. 바깥에는 감나무가 있다. 까마귀가 열매를 쪼아 먹는 모습은 레일라를 흥분하게 만들지만 나는 무섭다.

그곳에 간 첫날 밤 우리는 음식점에 가서, 그녀의 새로운 치료사가 우리에게 했던 조언대로, 웨이트리스에게 그녀가 직접 주문한다면 원하는 어떤 디저트라도 먹을 수 있다고 말한다. 그녀는 시중드는 사람이 들을 수 있을 정도로 크게 그 낱말을 말하는 동안 나를 쳐다볼 수 있는지 묻는다. 나는, 아프지만, 안 된다고 말한다. 나는 그녀가 나에게 말하는 척하리라는 것을 알고 있다.

식사가 계속되면서 레일라는 점점 더 초조해한다. 그녀는 디저트를 고를 수 있게 내가 읽어주기를 바란다. 나는 "아이스크림 선디"가 있다고 일러준다. 그녀는 내 무릎 위에 앉아도 되냐고 물으며 이러면 정확히 어떻게 보일지 거듭 살펴보라고 한다. 난 "실례지만, 내 딸이 뭔가 주문하고 싶다는데요"라고 말할 거야. 그러면 넌 그녀를 쳐다보면서 딱 두 마디만 하면 돼. "아이스, 크림이요." 여자가 다가오자 그녀는 내 무릎 위로 잽싸게 올라온다. 나는 웨이트리스에게 레일라가 아무런 말도 내뱉지 않고 입 모양만 움직이는 채로 주문할 수 있는지 묻는다. 나는 그녀에게 더욱 크게 말할 필요가 있다고 말한다.

그녀는, 아이스크림, 이라고 속삭인다. 하지만 웨이트리스가

듣기엔 너무 낮다. 나는 그녀에게 한 번 더하라고 말한다. **더 큰 소리로 말해야겠는걸**. 그리고 그 말이 나오자 우리는 눈물에 겨워 비명을 내지르며 그녀를 꼭 끌어안는다. 웨이트리스는 우리를 이상하게 쳐다본다. 검은색과 흰색으로 된 복장을 입은 여자가 초콜릿 아이스크림을 가져오려고 돌아서자 그녀는 우는 채 미소 지으면서 그녀의 아버지에게 손을 뻗는다.

이메일

썩을 년. 니 냄새 나는 음부나 검열하시지, 내 표현의 자유 말고.

-이메일, 2008년 4월 22일

당신과 당신이 숭배하는 것이 여성들이 혐오당하는 이유의 대부분이 야. 당신이 뭔데 불쌍한 남자를 못살게 굴고 침 흘린다며 소리 지르나. 사적 인 부분을 줄곧 노출한 채 걸어 다니는 남자를 본 것은 아니지 않나. 그리고 설령 그렇더라도 그들이 매력적이라면 대부분의 여자들은 그들을 쳐다보면 서 침 흘릴걸.

-이메일, 2008년 5월 31일

부엌에 들어가서 밥이나 지어, 미친년아. 뇌가 아주 좁쌀만 한 여자들 한테 왜 지들이 뭐나 된다고 생각하게 해야 하지?

-이메일, 2008년 6월 8일

니 사이트는 개뿔 헛소리야! 여자들이 있어야 할 곳인 부엌에 들어가서 요리나 시작해! 진지한 구석이라곤 한군데도 없어, 이 병신들아.

-이메일, 2008년 11월 6일

우리 집에 와서 요리하고 집이나 청소해!!!!

-이메일, 2008년 12월 20일

당신 사진을 봤는데 하나도 매료되지 않았어. 왜 그럴까? 당신은 근사
하게 생긴 젊은 여자야. 사진을 보다가 잠시 후에 왜 그런지 깨달았어. "졸린
눈"을 가졌기 때문이야. 그건 꽤 심각한 문제야. 나는 직장에서 진짜 "반쯤
내리깐 눈"을 가진 한 남자를 알고 있어. 그의 눈꺼풀은 대부분 반쯤 잠겨있
는데 정말로 사악해 보여. 당신 사진보다 훨씬 더 끔찍한 경우야. "좋은 사진
을 찍는" 기술을 배우한테 배워 봐. 당신은 그걸 배워야만 해.

-이메일, 2009년 5월 12일

fuck you fuck you fuck you fuck you fuck you fuck you fuck you fuck you
fuck you fuck you fuck you fuck you fuck you fuck you fuck you fuck you fuck
you fuck you fuck you fuck you fuck you fuck you fuck you fuck you fuck you
fuck you fuck you fuck you fuck you fuck you fuck you fuck you fuck you fuck
you fuck you fuck you fuck you fuck you fuck you fuck you fuck you fuck you
fuck you fuck you fuck you fuck you fuck you fuck you fuck you fuck you fuck
you fuck you fuck you fuck you fuck you fuck you fuck you fuck you fuck you
fuck you fuck you fuck you fuck you fuck you fuck you fuck you fuck you fuck
you fuck you fuck you fuck you fuck you fuck you fuck you fuck you fuck you
fuck you fuck you fuck you fuck you fuck you fuck you fuck you fuck you fuck
you fuck you fuck you fuck you fuck you fuck you fuck you fuck you fuck you
fuck you fuck you fuck you fuck you fuck you fuck you fuck you fuck you fuck
you fuck you fuck you fuck you fuck you fuck you fuck you fuck you fuck you
fuck you fuck you fuck you fuck you fuck you fuck you fuck you fuck you fuck
you fuck you fuck you fuck you fuck you fuck you fuck you fuck you fuck you
fuck you fuck you fuck you fuck you fuck you fuck you fuck you fuck you fuck

성적 대상

you fuck you fuck you fuck you fuck you fuck you fuck you fuck you fuck you

fuck you fuck you fuck you fuck you fuck you fuck you fuck you fuck you fuck

you fuck you fuck you fuck you fuck you fuck you fuck you fuck you fuck you

fuck you fuck you fuck you fuck you fuck you fuck you fuck you fuck you fuck

you fuck you fuck you fuck you fuck you fuck you fuck you fuck you fuck you

fuck you fuck you fuck you fuck you fuck you fuck you fuck you fuck you fuck

you fuck you fuck you fuck you fuck you fuck you fuck you fuck you fuck you

fuck you fuck you fuck you fuck you fuck you fuck you fuck you fuck you fuck

you fuck you fuck you fuck you fuck you fuck you fuck you fuck you fuck you

fuck you fuck you fuck you fuck you fuck you fuck you fuck you fuck you fuck

you fuck you fuck you fuck you fuck you fuck you fuck you fuck you fuck you

fuck you fuck you fuck you fuck you fuck you fuck you fuck you fuck you fuck

you fuck you fuck you fuck you fuck you fuck you fuck you fuck you fuck you

fuck you fuck you fuck you fuck you fuck you fuck you fuck you fuck you fuck

you fuck you fuck you fuck you fuck you fuck you fuck you fuck you fuck you

fuck you fuck you fuck you fuck you fuck you fuck you fuck you fuck you fuck

you fuck you fuck you fuck you fuck you fuck you fuck you fuck you fuck you

fuck you fuck you fuck you fuck you fuck you fuck you fuck you fuck you fuck

you fuck you fuck you fuck you fuck you fuck you fuck you fuck you fuck you

fuck you fuck you fuck you fuck you fuck you fuck you fuck you fuck you fuck

you fuck you fuck you fuck you fuck you fuck you fuck you fuck you fuck you

fuck you fuck you fuck you fuck you fuck you fuck you fuck you fuck you fuck

you fuck you fuck you fuck you fuck you fuck you fuck you fuck you fuck you

fuck you fuck you fuck you fuck you fuck you fuck you fuck you fuck you fuck

you fuck you fuck you fuck you fuck you fuck you fuck you fuck you fuck you

fuck you fuck you

-이메일, 2009년 8월 9일

다음에는 너무 심각해 보이는 사진 올리지 마세요. 당신은 정말로 아름다운 미소를 가졌어요. :)

-이메일, 2009년 11월 19일

안녕, 유튜브에서 당신 동영상을 봤어요. 페미니스트는 그렇게 매력적인 미소와 다정다감해 보이는 외모를 가질 수 있다고 생각한 적이 전혀 없어요. 그 동영상은 왜 올린 거죠? 새해 복 많이 받으세요.

-이메일, 2010년 2월 18일

최근에 봤던 당신 유튜브 동영상 중 하나에다 얼마 전에 몇 가지 반대와 몇 가지 질문을 표명하는 메시지를 보냈습니다. 받은 편지함을 정리하는 도중 당신이 내 메시지에 응답하지 않았다는 데 주목했죠. 그것은 나를 조금 슬프게 했어요. 결국 당신에게 말한 것에 응답하지 않는다는 것을 보는 것은 나를 고통스럽게 했습니다. 하지만 나는 지적이고 대화하기 좋아하는 남자와 당신의 원칙에 대해 조용히 토론하기 위한 용기가 부족해서가 아니라 편지를 받지 못했거나 시간이 부족했을 거라 추정했습니다.

-이메일, 2010년 4월 11일

제시카 너도 애가 있어? 난 니가 아기를 갖는 것을 믿지 않는다고 생각
했어……. 단지 죽이기만 할 뿐. 인간의 삶이 가치가 없다는 것을 배우게 될
아이가 불쌍하다.

-이메일, 2010년 5월 1일

제시카, (이 기사를 보면) 당신은 극렬한 자유주의 여성의 전형입니
다. 분노에 찬 장황설을 끝낸 뒤 자판에 독설을 퍼붓는 것만 상상할 수 있는
사람이에요.

-이메일, 2010년 5월 29일

피임에 대한 선택권이라고 생각했기 때문에 나는 낙태를 했어요. 이제
나는 살인자입니다. 만약 누군가가 아기를 낙태시킬 정도로 생각이 얕고 잔
인하다면, 그는 이기적이거나 무식한 사람이겠지요. 그게 결론입니다.

-이메일, 2010년 11월 10일

그래서 넌 슬럿워크[slut walk, 2011년 1월 24일 캐나다 요크대학에서 일어난 캠
퍼스 강간 사건과 관련된 안전교육 강연에서 마이클 상기네티Michael Sanguinetti라는 경찰
관이 "여자들이 성폭행 희생자가 되지 않으려면 '매춘부slut'처럼 옷을 입고 다니지 말아야
한다"고 한 발언이 발단이 되어 일어난 시위로, 직역하면 '헤픈 여자 옷차림으로 걷기'라는
뜻이다]를 하냐? 너 자신을 봐라, 이 살찐 코끼리야. 너나 너 같은 사람들은 강
간당하는 것을 걱정할 필요도 없는 사람들이야. LA에서 너처럼 병신 같은 년
들은 그 대가를 치러야만 할 거야. 니 애들이 폭력적으로, 잔인하게 강간당하
기를 바란다. 아, 물론, 난 페미니스트에다 여자야. 너나 니 웹사이트와 같은
쓰레기들은 운동을 오염시키고 피해를 주고 있어. 이 못생긴 뚱뚱한 돼지야.

-이메일, 2011년 6월 4일

당신의 여러 사진들을 보고 있으니까 엄청 확실해지네. 완전히 사진발

인데, 그런데도 못생겼다는 거지. 말꼬리 잡고 늘어지는 것도 그렇고. 왜 그렇게 많은 골수 페미니스트들은 그렇게 비호감이지?

-이메일, 2011년 9월 20일

여자나 소녀를 보여줘, 그럼 나도 자기 자신과 자신의 몸을 존중하지 않는, 문제가 있는 사람들을 보여줄 테니까.

-이메일, 2012년 3월 15일

넌 그 입 좀 닥칠 필요가 있어. 요즘 우리가 할 수 있는 모든 것은 여자와 만나서 육체적 만족을 즐기고 난 뒤 차버리는 거야. 왜냐, 너와 같은 잡년들의 레토릭 때문이지. 난 니가 자동차 사고로 인한 가솔린 폭발로 사라졌음 좋겠어.

-이메일, 2012년 4월 11일

이제 막 당신의 『Full Frontal Feminism』을 읽었는데 졸라 역겹네! 나는 여자를 혐오하는 남자가 아냐. 당신의 책은 진짜 X 같아.

-이메일, 2012년 7월 27일

당신은 은혜를 모르는 사람이야. 모든 것은 남자들이 만들었어. 심지어 탐폰을 발명한 것도 남자들이야. 제발 좀 자라서 어린 소녀가 아니라 숙녀가 되어라.

-이메일, 2012년 7월 28일

페미니스트들은 제 마음대로 하지 못하면 빽빽거리는 어린 소녀들을 떠올리게 해. 중요한 사람이 되고 싶으면 고추를 가지고 태어났어야지.(:

-이메일, 2012년 8월 8일

당신은 정말로 심리치료가 필요해요. 어린 시절과 부모님이 당신에게

미친 영향을 분석해볼 필요가 있어요.

　　—이메일, 2012년 9월 1일

당신은 앞으로 몇 년 이내에 여자가 남자를 앞지를 거라고 봅니까? 궁금
하네요…… 주저하지 마시고 이메일을 보내 주시기 바랍니다…….

　　—이메일, 2012년 11월 28일

[제시카 발렌티]는 책들과 「워싱턴포스트」 및 「아틀랜틱」의 기사들을
가지고 주류의 승인을 얻는 데 성공했다. 놀랍게도, 그녀는 결혼했는데, 남
편이 "이달의 베타상"[남녀 간의 전쟁Sex War에서 모든 일에 긍정적이고 우월하며 자신
보다 똑똑하고 성공한 아내를 이해해주는 일명 내조형 남성형인 베타남Beta male에게 주는
상]을 수상했다. 그녀는 어쨌든 자기 인생에서 매력적인 사진 한 컷을 건졌겠
지만 지금은 전혀 그렇게 보이지 않는다.

　　—"미국에서 가장 추한 아홉 명의 페미니스트들", 「리턴 오브 킹즈http://www.returnofkings.
com」, 2013년 1월 5일

당신의 책은 우스꽝스러워. 그리고 당신도 우스꽝스러워.

　　—이메일, 2013년 1월 10일

트위터 ─────────────

@JessicaValenti: 트위터 친구 여러분: 탐폰 무료로 주거나, 아니면 보조
금이라도 주는 나라 아는 사람? _2014년 8월 8일

@amcphee: @jessicavalenti 특대 사이즈 파는 나라 알려달라는 것임. 그
녀는 구멍이 엄청 크거든.

@skzdalimit: @jessicavalenti 탐폰의 이용가능성이 그렇게 걱정된다면 손가

락만 있으면 될 거 같은데. 두 개만 안에 넣으면 피가 흐르는 걸 막을 수 있잖아.

@spergonwynn: @jessicavalenti XX년.

@watchdougals: @jessicavalenti 떠버리라는 이유로 당신 자궁을 꿰매 버린 중동지역에 있어.

@jhendricks2301: @jessicavalenti 약에 절었기 때문이라고는 생각 안 하지? 탐폰 살 능력이 안 되면 졸라 헌 양말을 사용하라구!

@bobolewsky: @jessicavalenti 왜 아직도 난소라든가……기타 등등…… 제거하지 않았지?

@mrsugarbutt: @jessicavalenti 좋은 생각이 났어. 결혼하는 거야. 그럼 당신 남편이 사줄 거 아냐. 섹스하는 동안에는…….

페이스북 ────────────

넌 대박 역겹고 추한 쭈그렁 할망구야. 솔직히 까놓고 말해서 니가 필요한 것은 니 안에 들어갈 크고 뚱뚱한 자지 아냐? 고맙게도 넌 내 타입 근처에도 못 와. 변강쇠들이 너를 향해 돌진하길 바란다.

-페이스북 메시지, 2014년 6월 30일

X 같은, 개 같은 창녀!

-페이스북 메시지, 2014년 6월 30일

꿀꿀꿀꿀……

-페이스북 메시지, 2014년 7월 1일

대열의 맨 앞에 서고 싶은 거지, 어리석은 꼬마 숙녀야? 사실을 똑바로 알아야지. (당신과 달리) 당신이나 다른 누군가의 피임을 위한 비용을 지불

해야 한다는 엄격한 도덕률을 가진 납세자와 사업가는 아무도 없어. 우리 지역의 "하비라비[Hobby Lobby, 취미와 소품, 생활용품 등을 파는 곳]"에 와서 당신이얼마나 창녀 같은지나 증명해, 이 버릇없는 꼬마 숙녀야.

-페이스북 메시지, 2014년 7월 2일

당신에게 필요한 것은 아프가니스탄에서의 휴가야. 그곳에서 당신은저격병의 조준경을 통해 어린 소녀들이 강간당하고, 그들의 자궁이 도려내지고, 성기를 빨게 한 뒤 목이 베이는 걸 보게 될 거야. 여성의 권리를 위해 싸우고 싶다면 거기에 가. 그러기 전까지는 닥쳐.

-페이스북 메시지, 2014년 11월 7일

시간이 흐르면서 테스토스테론[testosterone, 고환에서 추출되는 남성 호르몬]이 장기적으로 증가하는 것이 얼굴 형태의 변형을 가져오는 뼈의 성장 궤적을 변화시킬 수 있는지 여부에 관한 명확한 증거는 없다. 하지만 그게 사실이라면, 「가디언」에서의 지난 10년간의 제시카 발렌티의 극적인 변형을 설명하는 데 조금 도움이 될 것이다.

-"페미니즘은 여성을 못생기게 만드나?", 「브라이트바트www.breitbart.com」, 2015년 7월 26일

댓글들 ————————

토니 B.- 예쁜 아가씨.

마크 W.- 그렇게 나빠 보이진 않는데. 어떻게 더는 야유 받지 않게 되었지?

에릭 F.- 정말로 매력적이지 않아! 토 나와!

후앙 D.- 매력적으로 볼 수 없어서 유감. 내가 유일하게 느낄 수 있는건 분노와 역겨움뿐.

토니 B.- 그녀는 멋지지는 않아, 절대로. 하지만 꽤 매력적인 거 같아.

미주(2008-2015)

리쳐드 J.(프로필 사진: 호박 의상을 입은 아기) - 괜찮네⋯⋯섹스하기
엔. 우리라면 하지 않지 않겠지만⋯⋯.

바샨 P.- 화장의 마법.

스콧 B.- 육체적인 매력을 찾지 못해 미안하지만 그녀가 가진 개성은
지나칠 수 없네.

매트 T.— 나라면 할 거야. 볼개그[ball gag, SM용품으로 재갈이라고 한다. 말을
할 수 없도록 입에 물려 두는 도구]를 사용하는 한.

브렌트 B.- 쥐 이빨을 가지고 있네.

리쳐드 J.- 난 꽤 아름다운 거 같은데.

브렌트 B.(붉은색과 흰색이 섞인 고양이 사진을 게시한) - 완전 이쁜이.
쓰레기통에서만 자지를 빨게 할 거야. 그리고 나를 아빠라고 부르게 만들 거야.

크리스 P.- 난 개인적으로 검은독거미[암컷이 수컷을 잡아먹는 습성이 있다]
가 그 형태에서나 기능적인 면에서 아름답다는 걸 발견했지만 절대 그런 것
하고는 붙어먹지 않아.

대릴 W.(캐나다 앨버타에서) - 말하려고 입을 열기 전까지는 적당히 매
력적인 흑갈색 머리였는데⋯⋯. 말하는 순간 진짜로 빨리, 진짜로 못생겨진다.

멜리사 L. (화장법을 게시한) - 미소 짓는 방식으로 봤을 때 짜증 내는
미친년처럼 보인다.

제임스 H.— 살찌기 전 모습이네. 이제야 평균적으로 보여.

존 B.— 자신의 잘못에서 비롯된 게 아니라 타인들의 잘못으로 성적 대
상이 되었다고 철석같이 믿고 그것을 주장하는 페미니스트들에게 존경심을
잃었다는 순전한 사실을 대부분의 사람들이 말하지 않는다는 것을 나는 알
고 있어. 그들이 왜 먹고 차버리고 싶은 상황일 때만 유일하게 쓸모 있어지
는 건지에 대한 이유가 그거지. 공통점이 전혀 없어도 섹스를 하는 것은 어
렵지 않아. 사람들은 당신의 핵심 가치가 당신이 가진 모든 것에서 온다는
생각을 거두지 않아.

제임스 H.- 동감. 난 제시카의 눈에 사정할 거야. 하지만 감염을 일으

킬 경우에만 그럴 거야. 그렇지 않으면 그건 단지 그녀를 뿡가게 만드는 것일 테니까.

제임스 W.- 남자 턱 같네.

_이상은 "Honey Badger" 페이스북 페이지에서 이 책의 (2015년에 찍은) 내 저자 사진 밑에 달린 댓글들을 긁어온 것이다. 모든 것이 헛되고 헛되다, 라고 해야 할까?

내가 쓰는 모든 것이 그렇듯, 이 책은 남편이자 가장 친한 친구인 앤드루 골리스의 지지가 없었다면 불가능했을 것이다. 앤드루, 매일매일 당신에게 감사해.

엄마, 아빠, 그리고 바네사. 여러분들만큼이나 미칠 것 같고, 복잡하며, 무섭고, 슬프면서, 재미있고, 놀라운 이야기를 쓸 수 있도록 해줘서 고마워. 사랑해.

타의 추종을 불허하는 편집자 줄리아 쉐이페츠와 함께 지금까지 두 권의 책을 작업했다. 그녀보다 더 맹렬한 지지자나 친구는 상상할 수 없을 것이다. 이 책이 가능하도록 변함없는 지지를 보내준 내 훌륭한 에이전트 로리 리스에게도 깊은 감사를 전한다.

줄리엣 크리치밀리오스는 이 원고와 그것을 둘러싼 매우 복잡한 삶에 크고 작은 방식으로 나를 도와줬다. 줄리엣, 당신은 똑똑하고 재미있고 멋져. 다음번에 당신이 뭘 할지 벌써부터 궁금해!

사랑하는 레일라. 내가 하는 모든 것—내가 쓰는 모든 것—은 네가 자랐을 때 나를 자랑스러워하기를 바라는 마음으로 행해지는 거야. (그리고 성적인 소재에 너무 당황하지는 않기를.) 다섯 살이

지만 너는 내가 아는 대부분의 성인들보다 더 용감해. 네가 어떤 사람이 될지 보고 싶어 못 참겠다. 온 몸으로 사랑해.